중국경제를 움직이는 10인의 부호

그들을 알면 사업의 성공 비결이 보인다!

오동승 지음

중국경제를 움직이는 10인의 부호

마화텅　마윈　쉬자인　리자청　리자오지
왕젠린　허샹젠　양후이옌　류롼슝　뤼즈허

가나안디앤피

중국 경제를
움직이는 10인의 부호

1판 1쇄 펴냄 2019년 10월 28일

지은이 | 오동승
펴낸이 | 변성식
편집장 | 이경순
펴낸곳 | 가나안디앤피

출판등록 | 2016.06.23.(제2016-89호)
주　소 | 서울시 영등포구 63로 32, 110호 (여의도동, 라이프콤비B/D)
전　화 | 02-783-1984
이메일 | kanaan@hanmail.net
ISBN | 979-11-965883-3-5
ⓒ 지은이와 가나안디앤피출판사, 2019
본 책은 저작자의 지적 재산으로서 무단 전재와 복제를 금합니다.

파본은 본사나 구입하신 서점에서 교환해 드립니다.

중국 10대 부호, 그들은 누구인가?

차례

머리말   14

제1장 모방 속에서 위챗을 탄생시킨 마화텅

제1절 마화텅의 성장 과정   19

_ 천체 소년이 컴퓨터의 매력에 빠지다
_ 컴퓨터 프로그래머로 일을 시작하다
_ 메신저 ICQ와의 운명적인 만남
_ 텐센트를 창업하다
_ QQ를 60만 위안에 매각할 것을 고려
_ 험난한 자금 유치 과정
_ 중국이동통신에서 활로를 찾다
_ QQ에서 위챗으로의 진화
_ 끊임없는 모방과 창조

제2절 마화텅에 관한 일화   29

_ 창조적인 모방
_ 창업 동기
_ 창업 멤버 장즈동, 정리칭, 쉬천예, 천이단
_ ICQ, OICQ, QQ
_ 1차 자금 유치
_ 2차 자금 유치
_ 위챗의 탄생과 장샤오롱

제3절 마화텅 약력   42

제2장 포기를 모르는 무협 마니아, 마윈

제1절 마윈의 성장 과정　　　　　　　　　　　47

　_ 영어를 좋아한 개구쟁이 소년
　_ 세 번 치른 대입 고사
　_ 학원 강사가 컴퓨터를 만나기까지
　_ 컴퓨터에서 무한한 잠재력을 발견하고 창업을 결심
　_ 두 번의 사업 실패와 세 번째 시도
　_ 차이충신의 합류
　_ 자금 유치 과정
　_ 홍콩을 거쳐 뉴욕에서 상장
　_ 마윈의 성공 요인

제2절 마윈에 관한 일화　　　　　　　　　　　58

　_ 마윈의 세 번의 대학 입시 도전
　_ 마윈의 은인 Ken
　_ 수석재무관 차이충신
　_ 6분 만에 손정의를 설득하다
　_ 이베이와의 한판 승부
　_ 무협소설가 진용

제3절 마윈 약력　　　　　　　　　　　71

제3장 곰팡이 핀 밀떡을 먹고 공부한 부동산 재벌 쉬자인

제1절 쉬자인의 성장 과정　　　　　　　　　　　75

　_ 극도로 어려웠던 어린 시절
　_ 10년 후에 지킨 아버지의 약속
　_ 무양철강공장
　_ 중달에서 새로운 시작
　_ 형다의 창업 동기
　_ 적은 자본으로 부동산 개발 사업을 추진하는 방법
　_ 규모와 고급화를 동시에
　_ 홍콩 증시에 상장
　_ 문화·체육 산업에 진출

제2절 쉬자인에 관한 일화   88

- 무강을 떠난 후 처음부터 다시 시작
- 금융 위기 극복 과정
- 쉬샤오쥔
- 헝다 기업 풍토
- 축구와 음악
_ 홍정상인

제3절 쉬자인 약력   98

제4장 플라스틱 조화왕에서 아시아 최고의 부호가 된 리자청

제1절 리자청의 성장 과정   103

_ 일본의 침략으로 홍콩으로 이주
_ 다루 심부름꾼부터 플라스틱 제품 판매 책임자까지
_ 7,000 홍콩달러로 창업을 하다.
_ 위기와 극복 과정
_ 미래를 예측하고 행동으로 대비
_ 공장 임대료 인상으로 부동산 개발 사업을 하기로 결심
_ 뱀이 코끼리를 삼키다
_ 사업 영역의 확대
_ 다섯 개의 사업 영역

제2절 리자청에 관한 일화   118

_ 1차 위기
_ 플라스틱 조화
_ 첫 번째 찾아온 기회
_ 북미 시장 개척
_ 위기를 기회로

제3절 리자청 약력   128

제5장 부동산 개발과 주식으로 성공한 리자오지

제1절 리자오지의 성장 과정　　　　　　　　　　133

- 6세 때부터 부친을 통해 장사를 배우다
- 1,000위안을 갖고 홍콩으로 건너오다
- 부동산 개발 사업에 진출
- 남다른 토지 매입 방법
- 새로운 분양 방법의 시도
- 경제 쇠퇴기에 사들인 토지와 건물
  헝지자오예의 상장
- 대형 건설 프로젝트
- 일본에서 주식 상장
- 아시아 주식의 신

제2절 리자오지에 관한 일화　　　　　　　　　　148

- 신용과 명예
- 작은 부자, 큰 부자
- 4분산의 경영 원칙
- 창립 3주년 기념 출판물 내용

제3절 리자오지 약력　　　　　　　　　　　　　　151

제6장 직업 군인에서 부동산 재벌로 변신한 왕젠린

제1절 왕젠린의 성장 과정　　　　　　　　　　　155

- 산림 관리원, 군인, 공무원, 그리고 부동산 개발 사업자
- 골치 아픈 정부 산하 회사를 떠맡다
- 지방에서 시작해 전국구 개발 회사로
- 상업용 부동산 임대를 통한 장기적 이윤 창출
- 2세대, 3세대 완다플라자
- 중자산 운영에서 경자산 운영으로
- 영화산업, 체육산업, 호텔업 진출
- 홍콩에서 주식 상장
- 완다의 사업 영역

제2절 왕젠린에 관한 일화　　　　　　　　　　　164

_ 사업 동기
_ 왕젠린이 들려준 첫 번째 이야기
_ 두 번째 이야기
_ 세 번째 이야기
_ 창업 성공의 비결
_ 완다그룹 사유화 과정

제3절 왕젠린 약력　　　　　　　　　　　　　177

제7장 병뚜껑 제조부터 시작한 아름다운 신화, 허샹젠

제1절 허샹젠의 성장 과정　　　　　　　　　　181

_ 먹고살기 위한 창업
_ 판로 개척을 위한 고생길
_ 금속제품 생산업체로 승격
_ 선풍기 생산과 메이디의 탄생
_ 에어컨 설비공장 설립과 자금난 해결
_ 향진기업이 주식회사로
_ 1997년 위기와 사업부제 도입
_ 어려운 개혁 과정
_ 신중한 기업 인수 합병
_ 권력을 팡홍보에게 이양

제2절 허샹젠에 관한 일화　　　　　　　　　　192

_ 사업부제 시행
_ 미래를 내다보는 안목
_ 1997년 위기와 극복
_ 반성하는 자세
_ 막후 관리

제3절 허샹젠 약력　　　　　　　　　　　　　197

제8장 아버지의 부동산 왕국을 넘어선 양후이옌

제1절 양후이옌의 부친 양궈챵의 성장 과정　　　　　　　201

_ 찢어지게 가난했던 어린 시절
_ 공사 현장 잡부 일부터 시작
_ 진정부 산하의 건축 회사를 설립하여 운영
_ 떠밀려 비구이위안 개발 업체가 되다
_ 왕쯔깡의 합류
_ 초저가 전략, 배추를 팔듯이 집을 팔다
_ 딸에게 소유 주식을 양도

제2절 양후이옌의 성장 과정　　　　　　　210

_ 14세부터 후계자 수업
_ 미국 유학 후 비구이위안에 합류
_ 아버지의 그늘에서 벗어나기

제3절 양궈챵, 양후이옌에 관한 일화　　　　　　　213

_ 긴밀한 정경 유착 관계
_ 경영 전선에서 막후 지원으로
　3년간 박사 1만 명 면접
_ 파트너십 제도
_ 시골 농부의 모습으로 베푸는 선행

제4절 양궈챵, 양후이옌 약력　　　　　　　219

제9장 주식 저격수에서 부동산 임대왕이 된 류롼슝

제1절 류롼슝의 성장 과정   223

_ 어머니의 영향
_ 캐나다 유학 시절
_ 부친의 선풍기 공장에서 탈퇴하고 자립의 길을 모색
_ 장모가 빌려주신 사업자금
_ 애미고를 설립하여 선풍기를 생산하다
_ 미국에서의 전화위복
_ 주식 저격수로서의 인생을 시작하다
_ 화런즈예를 통한 부동산 개발 사업에 진출
_ 중국 내륙에서의 사업 전개

제2절 류롼슝에 관한 일화   231

_ 증시의 저격수
_ 부동산 공략
_ 2008년 세계 금융 위기를 비켜가다
_ 예술품 수집과 자선 사업

제3절 류롼슝 약력   236

제10장 마카오의 새로운 카지노왕, 뤼즈허

제1절 뤼즈허의 성장 과정   239

_ 14세에 첫 사업을 시도
_ 자동차 부품 장사로 재기
_ 한국전쟁 전후 물자를 수입
_ 채석 장비 수입을 통해 채석장 사업의 가능성을 감지
_ 안달신대아채석장의 상장
_ 호텔사업 진출과 중서 장점을 결합한 경영방식
_ 마카오의 다각적 발전과 연계한 카지노 사업
_ 보람된 일을 찾아서

제2절 뤼즈허에 관한 일화   252

_ 카지노 사업
_ '뤼즈허상 - 세계문명상'
_ 뤼즈허의 일상생활
_ 장남 뤼야오동(呂耀东)
_ 뤼야오난, 뤼야오화, 뤼후이위, 뤼후이링

제3절 뤼즈허 약력   261

※참고자료   263

중국 경제를 움직이는 10인의 부호

머리말

　중국은 1978년 개혁 개방과 동시에 자유 시장 경제 체제를 시행하여 각 분야에서 기업들이 끊임없는 노력을 기울인 결과 실로 눈부신 경제 발전을 이룩하였습니다. 1978년 GDP가 3,679억 위안이었던 것이 2017년에는 82.71조 위안으로 무려 225배 증가하였고 중국의 경제 규모는 현재 세계 2위로 머지않아 미국을 앞지를 것이라는 예측이 나오고 있습니다. 특히 2000년 이후 중국의 경제가 급속도로 발전하면서 중국에서는 세계적인 부호들이 대거 등장하였고, 이들이 중국 경제에 지대한 영향을 끼치는 것은 물론이고 세계 경제에까지 파급 효과가 대단한 지경입니다. 중국에 이웃하고 있는 우리나라로서는 경제적인 면에서 중국과 불가분의 관계에 있어 중국 부호들의 동향에 관심을 두지 않을 수가 없습니다.

　2019년도 중국의 10대 부호를 보면 그들은 이미 포브스지에 자주 등장하였고 모두 중국 경제에 비바람을 부르는 인물들로서 각 분야에서 경제를 좌지우지하고 있으며, 무수한 중국인들이 도달하고자 하는 목표이자 우상이기도 합니다. 그리고 그들을 보면 크게는 현재 중국 경제의 주된 흐름이 무엇이며 어디로 향해 가는지를 알 수 있을 뿐만 아니라, 작게는 그들의 성장 과정과 사업 방식 등을 엿볼 수 있습니다.

필자는 26년을 중국에서 거주하면서 직접 사업체를 운영하며 중국의 경제 흐름과 맥을 같이 했고, 중국 부호들에 대한 지속적인 관심 및 그들과 관련된 자료를 수집해 왔습니다. 그리고 이번 기회를 통해 그들을 소개하던 기존의 책자와는 다르게 중국 부호들이 부호가 되기 이전의 살아온 과정, 창업을 하면서 겪었던 어려움, 위기를 극복했던 방법, 그리고 그들만의 성공 요인과 지금까지 알려지지 않은 일화 등을 정리하여 한 권의 책으로 발간하게 되었습니다. 이 책이 중국 경제에 관심이 있거나 현재 중국 사업을 추진하고 있는 한국 기업과 관계자들, 그리고 창업을 준비하는 예비 사업자들에게 실질적인 도움이 되었으면 하는 바램입니다.

이 책을 발간하는 데 협조해 주신 출판사 변성식 님과 이경순 대표, 물심양면으로 도움을 주신 정광천 대표, 정태복 대표, 박민호 대표, 김찬형 대표, 이현성 변호사, 김보석 부장, 황유순 부장, 우성근 대표, 이호연 디자이너, 그리고 그 누구보다 사랑하는 가족들에게 진심 어린 감사의 마음을 전합니다.

중국 북경에서 오동승

마화텅
马化腾

모방 속에서 위챗을 탄생시킨 마화텅

1장

Tencent 腾讯

제1장 모방 속에서 위챗을 탄생시킨 마화텅

> 마화텅(马化腾, 마화등) : 텐센트(Tencent, 腾讯, 텅쉰)의 주요 창업 멤버이고 현재 광동심천텐센트 이사회 주석 겸 수석집행관직을 맡고 있으며 'QQ의 아버지'로 불린다. 2013년에 전국인민대표대회 위원에 당선되었고, 2015년에는 '중국에서 가장 영향력 있는 기업 지도자 50인'에 선정되었다. 2019년 3월 보유 자산 346억 달러로 포브스지가 선정한 중국 부호 1위, 세계 부호 20위에 올랐다.

제1절 마화텅의 성장 과정

_ 천체 소년이 컴퓨터의 매력에 빠지다

1971년 10월 마화텅은 해남성 동방시의 보통 가정에서 둘째로 태어났다. 위로는 누나가 한 명 있다. 마화텅의 부모가 해남도의 동방시 팔소항 항무국에서 근무를 하여 어린 시절은 해남도에서 성장했다. 어려서는 친구들과 어울려 노는 것보다 혼자 있기를 좋아했다. 그리고 조금 크면서 천체에 대해 깊은 관심을 갖기 시작했다. 14살이 되던 무렵 부모님께 천체망원경을 사달라고 졸랐으나 부모님이 사주지 않자 일기장에 다음과 같이 적었다. "부모님이 나에게 천체망원경을 사주지 않으신다면 이것은 미래의 천문학자를 목 졸라 죽이는 것이나 다름없다." 우연히 그의 일기를 보게 된 부모님은 두 달 치 봉급에 해당하는 비용을 들여 그에게 천체망원경을 사주었고 마화텅은 지금까지 그것을 집에 보관하고 있다.

중학생 시절 부모를 따라 해남도에서 심천으로 이사를 했다. 그 당시 심천은 개방이 된 지 몇 해 안 된 도시개발의 초기 단계였다. 심천시의 구호는 '시간은 돈이고 효율은 생명이다'였고, 마화텅이 살고 있는 집 부근에 국무대하가 건설 중이었는데 3일에 한 개 층이 건축될 정도로 놀라운 속도로 빌딩이 세워지고 있었다. 급속도로 발전하는 심천의 모습을 보고 부모는 그곳에 정착하기로 하였고, 마화텅도 중학교와 고등학교를 그곳에서 다니게 되었다.

대입고사를 준비할 때 전국에 남경대학교에만 천문학과가 있다는 것과, 또 천문학과를 졸업해도 천문대에서 근무할 기회가 매우 적고 오히려 중고등학교 지리 선생이 될 가능성이 크다는 사실을 알게 되었다. 마화텅은 자신이 한평생 지리 선생을 해야 한다는 사실을 받아 들일 수 없었다. 그리고 그 무렵 컴퓨터를 알게 되었고 그것에 매력을 느끼기 시작하여 결국 컴퓨터를 전공하기로 마음 먹고 1989년 우수한 성적으로 심천대학 전산학과에 진학하였다.

심천대학교 재학 시절, 마화텅은 원래 컴퓨터에 관심이 있는데다 본인도 열심히 공부하여 그의 실력은 비약적으로 발전하였다. 학교 공부를 마친 뒤 시간을 할애하여 컴퓨터 바이러스 퇴치와 유지 관리 등과 같은 보다 실제적이고 심도 있는 것을 찾아 공부했다. 그의 별명은 '바이러스 백신'이었는데 학교 컴퓨터실의 컴퓨터에 바이러스가 침투하면 그가 손쉽게 퇴치했고 평상시에도 교내 컴퓨터를 보호·관리하는 것은 그의 몫이었다. 그리고 학교 선배가 전산 프로그램을 만들어 판매하는 것을 보고 본인도 프로그램 제작에 대해 관심을 갖기 시작하였고 동시에 창업에 대해서도 고민을 하였다.

그렇다고 마화텅이 천문학에 관한 관심이 사라진 것은 아니었다. 대학 시절 도서관에 자주 들러 천문학에 관한 서적을 읽고 밤하늘의 별들을 관찰하곤 했다. 한번은 미국으로 견학 갈 기회가 있었다. 귀국길에 친구들은 가방 안에 전자제품, 식품, 새 옷 등을 가득 채웠는데 마화텅의 가방 안에는 무거운 천문학 서적뿐이었다. 그는 지금도 천문학을 좋아한다. 하늘을 바라보고 별들을 관측하며 우주에 대해 생각하면 인간은 매우 작은 존재라는 것을 알게 된다는 것이다. 심지어 이 지구조차도 우주의 흐름 속에서는 아주 작은 티끌이며 어쩌면 우리의 삶이 우연한 한순간일 뿐이라는 것이 그의 세계관이다. 마화텅은 공상 과학 소설도 좋아한다. 공상 과학 소설이 인간 두뇌의 문을 열어주고 상상력을 풍부하게 하며 미래의 발전상을 미리 내다볼 수 있게 한다고 한다.

컴퓨터 프로그래머로 일을 시작하다

1993년 대학 졸업 후 일자리를 구하던 중 우연히 서점에서 동창생을 만났다. 그는 윤신통신발전유한공사라고 하는 어느 정도 규모가 있는 민영 기업에서 일하고 있었는데 이 회사는 호출기를 생산하고 있었다. 그 친구는 마화텅에게 회사에 C언어 프로그래머가 한 명 필요하다고 했고, 마화텅은 자신이 만든 프로그램을 그에게 보여 주었다. 동창생은 마화텅을 즉시 자신의 회사에 추천하였고 마화텅은 이 우연한 기회를 통해 C언어 프로그래머로서 생애 첫 번째 직장 생활을 시작하게 되었다.

회사에서 프로그래머로서 일하며 호출기 프로그램 개발에 전념하였다. 그는 사내에서 실력을 인정받아 승진을 거듭하여 개발 부서의 책임자가 되었다. 돌이켜보면 이 시절이 마화텅에게 진정한 의미의 황금시대라고 할 수 있다. 당시에 많은 소프트웨어 기술자들이 자기 자신의 실력에 대해 매우 자신감을 갖고 있었고 소프트웨어 개발이 서로의 실력을 겨루는 수단이 되었다. 그러나 마화텅은 자신이 만든 소프트웨어를 보다 많은 사람이 사용했으면 하는 바램이 있었다. 소프트웨어 개발은 실제로 사용하는 데 있지 단지 개발하여 자기만족에만 그치는 것이 아니라는 것이다.

_ 메신저 ICQ와의 운명적인 만남

그리고 우연한 기회에 이스라엘 프로그래머가 개발한 메신저 ICQ를 접하곤 곧 ICQ에 매료되었다. 이것이 컴퓨터의 호출기 역할을 할 수 있다는 생각이 들었고 ICQ의 중문판이 없다는 것을 알고 중문판을 만들기로 했다.

윤신통신에서의 경력은 마화텅이 향후 QQ(텐센트의 인터넷 메신저 서비스)를 설립하는데 훌륭한 자산이 되었다. 그리고 당시에는 프로그램을 아는 사람은 통신을 모르고 통신을 아는 사람은 프로그램을 몰랐지만 다행히 마화텅은 이 두 가지를 모두 알고 있어 QQ 제작에 대해 구상을 할 수 있었다.

마화텅의 사업 밑천은 이 회사에 다니면서 주식 투자를 하면서 마련하였다. 당시 주식 시장이 마침 상승장이었는데 마화텅은 저평가된 주식을 10만 위안어치 매수하여 70만 위안까지 불렸으니 주식에도 천부적인 소질이 있었다고 할 수 있다. 그 후 인터넷의 물결이 밀려오자 새로운 발전 기회를 예민하게 감지하고 인터넷의 물결 속에서 기회를 찾기 시작했다.

텐센트를 창업하다

1998년 11월 마화텅은 인터넷 사업에 대한 열정으로 호출기와 네트워크 사이에서 발전 가능성을 모색하던 중 회사에 사직서를 제출하고 주식으로 번 돈을 밑천으로 동창생 장즈동과 합자회사 심천 텐센트(腾讯)전산시스템유한공사를 설립하였고 곧이어 정리칭, 쉬천예, 천이단 등 3명이 동참했다.

회사명 텐센트(腾讯, 텅쉰)는 '**신속히 도약한다**'는 뜻으로 본인의 이름에서 한 글자, 그리고 자신의 첫 직장 윤신통신에서 한 글자를 따왔다. 첫사랑과 같은 그의 첫 직장이 마화텅에게 얼마나 큰 영향을 미쳤는지를 짐작할 수 있다.

초기 창업 자본금은 50만 위안으로 시작하였는데 마화텅이 47.5%

의 지분을 갖고, 장즈동이 20%, 정리칭이 12.5%, 나머지 두 명이 각각 10%를 가졌다. 자신의 지분을 절반 이하로 한 것은 자신의 의지만으로 회사를 이끌지 않고 중지를 모아 회사를 운영하겠다는 의미가 내포되어 있었다. 후일 투자 자금의 확대로 각자의 지분이 3분의 1로 축소되었지만 그래도 각 개인의 지분 가치가 10억 위안 이상이 되었다.

창업 초기에 마화텅은 직접 팀을 이끌고 홈피를 만들고 시스템을 구성하고 전산 설계를 하였다. 그러나 운영사를 찾아가 자체 개발한 제품을 홍보하였으나 시장 상황과 시장의 생리를 잘 알지 못하여 대부분 거절을 당했다. 다른 신생 인터넷 관련 회사와 마찬가지로 자금과 기술력의 부족이 텐센트의 가장 큰 문제였다. 특히 자금력이 취약하여 회사의 큰 지출이 발생할 때마다 그들은 가슴을 졸여야 했다.

_ QQ를 60만 위안에 매각할 것을 고려

1999년 2월 텐센트는 처음으로 중국 인터넷 환경에 적합한 메신저 OICQ를 제작하고 무료로 이용토록 하여 사용자들의 관심을 받아 등록자 수가 급증하여 단기간 내에 몇만 명으로 늘어났다. 사용자 수가 증가하면 서버를 늘려야 하는데 당시 대당 약 2,000위안 하는 서버를 증설하는 것이 회사에 큰 부담이어서 이를 임대하여 사용하였고 그래도 자금이 부족하여 이 사업을 접을 뻔했다. 더욱이 2000년에는 OICQ의 판권 소송에 패소하여 사정은 더욱 어려워졌다. 이후 메신저 이름을 QQ로 바꾸고 기타 프로그램을 외주로 받아 제작·판매하여 어려운 시기를 겨우 넘길 수 있었다. 그러나 얼마 후 인터넷 버블이 터지면서 또다시 고비를 맞은 마화텅은 QQ를 100만 위안에 매각하고자 했고 이에 관심을 보인 4개 업체와 매각 협상을 벌였으나 그들 업체에서 최고로 제시한 가격은 60만 위안이었다. 마화텅은 잠시나마 60만 위안에 매각하는 것도 진지하게 고려했지만 최종적으로는 팔지 않기로 했다.

험난한 자금 유치 과정

QQ의 무료 사용자 수는 점차 늘어났으며 회사가 유지되려면 자금 투입이 뒤따라야 했다. 마화텅은 중국에 소재한 은행, 투자 회사를 사방으로 찾아다니며 융자 또는 자금 유치를 하려 했지만 그들은 텐센트가 하는 일을 이해하지 못했다. 심지어 그를 사기꾼으로 보고 빗자루를 휘둘러 쫓아내려 하는 데도 있었다. 중국에서는 자금 유치가 어렵다는 것을 알고 마화텅은 왕이(網易, 2000년 6월 나스닥에 상장)의 띵레이(丁磊)가 했던 방법을 참고하여 20페이지 분량의 QQ 사업계획서를 작성하여 해외 투자 유치에 나섰다. 다행히 선진국에서는 인터넷의 열기가 서서히 달구어지고 있었고 마침내 IDG와 PCCW(盈科数码)의 벤처캐피탈 220만 달러를 유치하는 데 성공했다. 그러나 그 대가도 만만치 않았다. 이들에게 각각 20%의 지분을 양도해야만 했다.

자금을 확보한 뒤 텐센트는 20만 기가급의 IBM 서버를 구축하여 날로 증가하는 사용자들에게 더욱 넓은 사용 공간을 제공했지만 220만 달러로는 부족했다. IDG와 PCCW의 도움을 받아 신랑, 야후, 소후, 왕이 등을 찾아가 투자 유치를 시도했지만 이들은 모두 QQ를 부정적으로 보았고, 혹자는 자체 개발할 수 있는 프로그램에 뭣하러 돈을 들여 투자하느냐 하는 태도였다. 심지어 연상(联想)에 제출한 투자 요구서는 총재에게 올라가기도 전에 실무진 선에서 커트되었다. 이 시기의 자금난으로 마화텅은 일생일대의 어려움을 겪었다.

_ 중국이동통신에서 활로를 찾다

2001년 6월 다행히 남아공의 MIH그룹이 나타나 1,260만 달러로 텐센트의 지분 20%를 매입함으로써 자금 문제를 해결할 수 있었다. 2001년 말 QQ의 등록 이용자 수는 2억 명에 달했다. 그러나 여전히 이익을 만들어 내지 못하고 있어 마화텅은 걱정이 많이 되었다. 사실 이렇다 할 수입원이 없는 텐센트로서는 생사의 기로에 있었다. 이때 마침 중국이동통신에서 '이동몽왕(Mobile Internet 서비스)'을 출시하면서 텐센트의 생존 상태를 완전히 바꾸어 놓았다. 이동QQ가 '이동몽왕'에 참여하는 조건으로 중국이동통신과 텐센트는 20대 80으로 수익을 나누는 협약을 체결하였고, 2003년에는 이동QQ가 텐센트 총 수입의 70%를 차지하였고 순이익은 3.38억 위안에 달했다. 그 후 텐센트는 적은 투자 비용으로 새로운 사업을 전개하여 수입을 꾸준히 증가시켰다. 마침내 2004년 6월 홍콩 증권거래소에 텐센트가 정식 상장되면서 마화텅의 재산은 폭발적인 속도로 증가하기 시작했다.

_ QQ에서 위챗으로의 진화

그 후 마화텅은 이윤을 창출할 수 있는 각종 방법들을 모색하였고 이것들은 모두 시간과의 싸움이었다. 이윤을 낼 수 있는 새로운 방법을 찾아냈다손 치더라도 때가 늦어 경쟁 업체에 한발 늦는다면 아마도 텐센트는 더 이상 세상에 존재하지 않을 수도 있다는 위기감이 느껴졌다. 따라서 마화텅은 새로운 방법을 모색하기보다 오히려 한국에 있는 유사한 기업에서 QQ가 이윤을 낼 수 있는 실마리를 찾았다. 한국의 인터넷상에서 가상 옷 시연 서비스가 유행하는 것을 보고 마화텅의 눈빛이 반짝였다. 그는 즉시 나이키, 아디다스 등의 회사와 협력하여 해당사의 신제품을 인터넷에 올려 QQ 사용자들이 유료로 시연할 수 있도록 기존 한국의 프로그램을 한 단계 발전시켰다. 그뿐만 아니라 한국을 주로 한 세계 각국의 유명 게임을 수입·유통시켜 폭발적인 인기를 얻기 시작했다. 막강한 자금력을 바탕으로 외국 게임업체를 통째로 사들이기도 하였으며, 2010년에는 한국의 카카오에 투자하여 주주가 되었고 2011년에는 카카오톡을 모방·발전시킨 위챗을 유통시켜 중국에서 일대 통신혁명을 일으켰다.

그 후 텐센트의 영향력이 부단히 증가하면서 투자금도 덩달아 계속 늘었고 최근에는 등록 자본금이 6,500만 위안에 달하였다. QQ는 1일 평균 접속량이 1억이 넘는 중국에서 가장 인기 있는 네트워크 메신저가 되었다.

혹자는 마화텅의 성공은 운이라고 말하지만, 마화텅 자신은 성공 이유를 회사가 QQ에 집중했기 때문이라고 했다. 동종 업계의 동료들도 모두 마화텅을 가르켜 '**집중하는 사람**'이라고 말한다.

_ **끊임없는 모방과 창조**

현재 텐센트는 위챗과 QQ 등 통신부문에서 세계 2위, 아시아에서 1위 규모이다. 그리고 QQ유희라고하는 세계 최대 규모의 인터넷 게임 공간을 제공하여 매일 300만 명이 동시에 이용하고 있다. 또한 뉴스와 동영상 등 다양한 서비스를 제공하고 있으며 가장 많은 블로그를 보유하고 있기도 하다. 현재 5G 산업에 가장 많은 투자를 하고 있으며 그들의 말에 의하면 아침에 눈을 뜨면서부터 밤에 잠자리에 들 때까지의 모든 서비스를 온라인상에서 제공하고 있다고 한다.

텐센트의 미래 발전 방향과 관련하여, 그는 앞으로 세계적인 경쟁 인터넷 회사로부터 지속적으로 성장·발전해 나아가는 능력을 배우고 싶다고 한다. 텐센트의 과거 성장 경험이 말해 주듯이 모방과 경쟁이 발전의 원동력이라는 것이다. 텐센트는 경쟁력을 갖춘 상대를 이용해 더욱 빠른 성장이 이루어지도록 노력할 것이라고 한다. 경쟁 상대의 장점을 겸허히 받아들이고 동시에 자주적이고 창의적인 노력을 기울이며, 경쟁 속에서 상대방과 함께 사용자를 위한 더욱 큰 가치를 창조할 것임을 강조한다.

제2절 마화텅에 관한 일화

_ 창조적인 모방

사실 마화텅에게 창업의 길은 순탄치 않았다. 마화텅이 말한 것처럼 텐센트는 발전 과정에서 시시각각 사망할 수 있었다고 한다. 마화텅이 성공할 수 있었던 가장 중요한 요인은 다른 창업자들이 흔히 빠지기 쉬운 함정이 무엇인지를 인식하고 있었다는 점이다. 그 함정이란 다름 아닌 절대적 창의성만이 중국의 인터넷 사업에서 성공할 수 있다는 생각이다. 그가 시도한 최초의 모방('표절'이라는 단어가 더욱 적절함)은 생존을 위해서였다.

개인이 창업을 하는데 있어 발전 전망이 있는 길을 택하는 것이 가장 중요하다. 새로운 길은 불확실성이 너무 많다. 누구도 새로운 사업이 전망이 있는지 없는지 말해 주지 않는다. 모방의 최대 장점은 많은 불필요한 위험 요소가 제거된다는 것이다. 창업자에게는 끝까지 살아남는 것이 무엇보다 중요하다.

돌이켜보면 ICQ를 모방하여 OICQ를 만든 것이 당시로서는 마화텅이 유일하게 선택할 수 있었던 길이었을 것이다. 당시에 심천에 거주하는 사람이라면 자연히 중국 경제 발전의 열기를 느낄 수 있었다. 창업이 한동안 심천 인터넷 사업의 기조를 이루었지만 많은 기회가 홀연히 왔다가 쏜살같이 사라졌다. 창업 아이템으로 그는 자신이 가장 잘 아는 일을 할 수밖에 없었다. Portal web, 전자

메일 등 당시 가장 인기 있는 사업은 그가 잘 아는 분야가 아니었고 자신이 가장 잘 아는 인터넷 소프트웨어 ICQ가 유일한 접근 대상이었다. 오늘날까지도 일부 기술 지상주의를 추구하는 업계 인사들은 QQ의 성공에 이견을 갖고 있다. OICQ는 ICQ의 프로그램을 표절한 것이어서 별로 새로울 것이 없다는 것이다.

초창기에 텐센트의 창업자들 사이에서도 격렬한 논쟁이 있었다고 한다. ICQ가 이미 세계적으로 이름이 알려졌고 중국 시장도 상당 부분 점유하고 있었으며, 또한 중국에는 PICQ와 CICQ 등의 채팅 도구들이 이미 존재하고 있었다. 아울러 텐센트의 자체 기술력이 월등하지 못해 타사와 비교하면 경쟁력이 떨어진다는 점도 지적되었다. 이러한 상황에서 어느 누가 이 보잘 것 없는 채팅 도구에 관심이 있겠느냐는 것이었다. 하지만 마화텅은 이러한 환경 속에서 오히려 기회를 엿보았고 나름대로 확신을 가졌다.

사실 중국의 사용자들은 중국어로 구성된 ICQ 서비스가 절실히 필요했다. 시중에 유통되고 있는 경쟁사 제품들은 중국 특색에 맞게 문제점이 완전히 해결된 것이 아니었다. 그 예로 ICQ의 사용자 데이터는 한 대의 컴퓨터에만 보관할 수 있어 일단 사용자가 다른 컴퓨터로 접속할 경우 연락처에 관한 자료가 모두 사라지는 문제가 발생해 편리성이 떨어졌다. 전문가의 분석에 의하며 QQ가 인터넷 상에서 인기를 끄는 이유는 중국인들의 소비 수준과 소통 방식에 가장 부합하기 때문이라고 한다.

서버에 사용자 데이터를 보관하는 것이 기술자에게는 그다지 어려운 일이 아니었다. 그러나 두 단말기 간의 기능을 사용자의 요구에 따라 유기적으로 결합하여 완전히 새로운 효과를 만들어내는 기술이 당시의 인터넷 사용자들에게는 엄청나고 대단한 일이었다. QQ를 인터넷에서 무료로 이용토록 한 후 1년이 지나지 않아 가입자가 500만 명으로 증가한 것을 마화텅 자신도 예상하지 못했을 것이다.

창업 동기

왕이(網易) 띵레이의 성공은 많은 사람들에게 모범이 되었고 힘이 되었다. 마화텅은 띵레이가 무료 전자메일 사업으로 노력한 끝에 성공하는 모습을 보고 자신 역시 통신과 관련된 일을 하고, 있었기 때문에 이것을 계기로 창업하고자 하는 마음이 생겼고 결국에는 이를 실천하였다고 한다.

마화텅의 창업 동기와 관련하여 또 다른 버전이 있다. 윤신통신에서 같이 근무했던 직원의 말에 따르면 마화텅이 중문판 ICQ 소프트웨어 개발과 관련해 회사 고위층에 보고하였으나 전혀 관심을 받지 못하자 그는 더 이상 회사의 미래에 대한 가능성을 느끼지 못했다고 한다. 윤신통신의 중간 관리자의 말에 따르면 회사에서 이 프로그램에 대해 회의를 하던 중 한 직원이 이의 제기를 했다고 한다. "이 프로그램에 대한 사용료를 받습니까? 안 받습니까? 만일 돈을 안 받으면 이걸 해서 뭐합니까?" 당시 대부분의 사람들은 고객 정보가 현금 수입보다 더 중요하다는 인식이 없었다. 특히 충실한 고객의 정보는 돈이 있어도 살 수가 없다는 것을 전혀 몰랐다. 얼마 후 윤신통신에서 마화텅의 모습을 볼 수 없었고 그 후 마화텅은 스스로 창업을 했다는 것이다

윤신통신에서 마화텅과 같이 근무했던 여러 직원은 마화텅이 사업에 성공할 것이라고 아무도 예상하지 못했다고 한다. 그가 회사에서 전혀 눈길을 끌지 못했기 때문이기도 하고 동시에 자신의 재능을 전혀 드러내지 않았기 때문이기도 했다.

_ **창업 멤버 (장즈동, 정리칭, 쉬천예, 천이단)**

장즈동(張志东)
마화텅의 최초 창업 멤버는 장즈동이다. 심천대학 전산학과의 동기생이다. 대학 졸업 후 화남이공대학에서 전산학 관련 석사학위를 취득하였고 심천에서 유명한 여명컴퓨터공사에서 근무한 경력이 있다.

장즈동은 컴퓨터의 천재로 인정받았다. 대학 시절 장즈동과 마화텅 둘 다 전산기술과 관련하여 선두 그룹에 속했는데 장즈동은 거기에서도 으뜸에 속했다. 그뿐만 아니라 심천 전체에서도 최고에 속하는 인물이었다. 장즈동은 일벌레이고 업무 외에 별다른 취미가 없었으며 매우 드물게 온라인에서 잠깐 장기 한 판 두는 것이 전부였다.

장즈동이 주위로부터 존경을 받는 데는 두 가지 이유가 있었다. 첫 번째는 기술적으로 경지에 올랐다는 점이다. 설령 그와 경쟁 관계에 있는 사람이라 하더라도 이 점에 대해서는 두 말 없이 승복한다. QQ의 기본 설계가 1998년 장즈동에 의해 완성되었는데 20년이 지나면서 사용자 수가 백만 단위에서 억 단위가 되었지만, 그가 개발한 기본 틀은 여전히 사용되고 있어 이를 가히 기적이라고 표현하는 사람도 있다. 두 번째는 그가 물질적으로 추구하는 바가 적다는 점이다. 회사가 성공 가도에 오른 후에 초기에 사업에 참여한 12 멤버들이 호주에 별장을 사고 요트를 구매하고 고위직 간부들은 BMW 등 고급 승용차를 타고 다니는데도 그는 여전히 20만 위안 정도의 중급 수준의 차량을 이용하면서 검소한 생활을 하고 있다.

정리칭(曾李青)

서안전자과학대학을 졸업한 후 심천전신공사 산하 심천데이터국에 배치되어 근무하다가 이곳에서 일하고 있는 마화텅의 누나를 알게 되어 텐센트 사업에 참여하게 되었다.

창업 멤버 중 가장 재미있고 개방적이며 정열과 감화력을 지녔다. 온화한 성격의 마화텅, 기술 개발의 전문가인 장즈동과는 사뭇 다른 부류의 성격에 속했다. 중후한 몸매와 세련된 옷차림새, 매끄러운 언어 표현력과 의사소통 능력 때문에 마화텅과 둘이 같이 있으면 그를 사장으로, 마화텅은 비서로 오인받기도 했다.

쉬천예(许晨晔, CIO 수석정보관)

정리칭과 심천전신데이타 분국의 동료이며 마화텅과는 심천대학 전산학과 동기인 쉬천예는 성격이 온화하여 주변 사람과 잘 어울렸지만 자기의 주관도 분명했다. 쉽게 자기 자신을 드러내지 않아 '하오하오선생'이라는 별명을 갖고 있었으며, 사람들과 어울려 대화하는 것을 좋아하고 다양한 취미를 지녔다.

천이단(陈一丹, CAO 수석행정관)

마화텅의 심천중고등학교 동기로 심천대학에서 화학을 전공했고 변호사 자격증을 소지하고 있다. 일 처리에는 빈틈이 없으며, 자신을 드러내기를 좋아하고 사람들의 격정을 불러일으키게 하는 능력을 지녔다.

_ ICQ, OICQ, QQ

ICQ는 'I seek You'('난 널 찾는다'의 뜻)를 뜻하며 이스라엘 프로그래머 몇 명이 모여 만든 프로그램으로 출시 즉시 세계적인 선풍을 일으켰다. 1997년에 마화텅은 처음 ICQ를 접하였고 즉시 그 매력에 빠졌다. 그는 곧바로 사용자 등록을 하였고 일정 기간 사용한 후 영어로 된 ICQ를 중국에서 보급하기가 쉽지 않을 것이라는 생각이 들었다. 그리하여 본인이 중국인의 입맛에 맞는 중국어판 ICQ를 만들어 보겠다는 마음을 먹고 제작한 것이 OICQ(OpenICQ, QQ의 전신)이다.

인기 있는 각종 프로그램을 중국어판으로 만들어 보급하는 것이 당시 중국 IT산업의 흐름이었다. OICQ의 최초 버전은 중국어판이었지만 사실 이것은 원래의 프로그램을 일부 수정한 것에 불과했다. 그 후 장즈동은 팀원들을 이끌고 고객과 서버와 관련된 전체 프로그램을 보완하였고, 이후에도 사용자가 기하급수적으로 늘어났는데도 불구하고 그 기본틀이 큰 변화 없이 현재까지 사용되고 있으니 장즈동의 천재적인 실력을 보여주는 일면이다.

창업 초기에는 수입을 올리기 위하여 마화텅은 호출기와 인터넷을 연결하여 무선인터넷호출시스템을 개발해 전신국과 호출기 회사에 판매하는 방법을 모색했다. 당시 이 소규모 회사의 주요 업무는 심천전신, 심천연통, 호출 회사의 프로젝트를 돕는 것으로써 OICQ는 돌볼 겨를이 없는 부산물에 불과했다. 돈을 벌기 위하여 타사의 홈피 제작, 시스템 구성, 프로그램 설계 등 닥치는 대로 일을 했다. 이때 심천에는 텐센트와 유사한 회사가 백여 개가 넘게 있었고 마화텅의 최대 소망은 회사가 문을 닫지 않고 오로지 생존하는 것뿐이었다.

OICQ와 ICQ는 분명한 차이가 있다. 비록 ICQ가 유명세를 치른 지 오래지만 나름대로 단점이 있었다. ICQ는 모든 데이터가 사용자 컴퓨터에 저장되어 사용자가 다른 컴퓨터로 로그인할 경우 이전에 추가한 친구의 기록이 모두 사라진다. 그리고 현재 접속 상태의 친구와만 대화할 수 있었고 사용자가 제공한 정보에 의해서만 새로운 친구 추가가 가능했다. 마화텅은 이런 문제점을 개선하였다. 게다가 자신의 개성을 나타내는 사진을 게재할 수 있게 하였다. 초창기에 가입자가 별로 없을 때 마화텅은 예쁜 여자의 사진을 걸고 여자 행세를 하여 남성 가입자들이 늘어나도록 했다는 일화도 있다.

이러한 작은 차이가 큰 효과로 나타났다. 인터넷이 인터넷 바의 형식으로 중국 전역으로 퍼져 나가면서 데이터를 사용자의 컴퓨터가 아닌 서버에 저장함에 따라 OICQ는 모든 컴퓨터의 필수 프로그램이 되었다. 1년 만에 500만 명의 사용자를 확보한 것은 ICQ가 중국에서 이루어 보지 못한 성과였다.

그러나 문제점도 따랐다. 사용자 수가 늘어남에 따라 서버의 공급량도 덩달아 늘어나면서 비용이 증가하여 자금 부담 때문에 한때 사용자 아이디 발급 수를 제한한 적도 있었다. OICQ의 규모가 날로 증가하여 매월 서버 2대를 추가해야만 했다. 사업을 계속 키우고 싶었지만 운영 자금의 여력이 없었다.

2000년 OICQ가 중국 전역으로 확장해 나아갈 때 어떤 변호사가 회사 설립 3년 차인 텐센트에 우편물을 보내왔다. ICQ의 모회사인 AOL이 판권 침해로 텐센트를 기소한 것이었다. 그 일 이후 소송에서 패하여 일정 금액의 배상금을 지급하고 프로그램을 OICQ에서 QQ로 변경하였으나, 이는 오히려 중국 사용자들에게 친근감과 특색 있는 명칭을 갖게 하는 전화위복의 계기가 되었다.

_ 1차 자금 유치

업무 범위의 구분상 자금 유치에 관한 일은 CEO인 마화텅의 일이었지만 그는 정리칭에게 이 일을 부탁했다. 물론 마화텅도 같이 뛰었다. 정리칭은 회사의 가치를 550만 달러로 정하고 그중 40%에 해당하는 220만 달러의 자금을 유치하려고 했다. 20페이지 분량의 사업계획서를 작성하였는데 그 주요 내용은 유치한 자금으로 서버와 초고속 인터넷 설비를 구매하는 것이었고 이익 창출에 대해서는 인터넷 광고와 회원 가입비 등을 언급하며 모호하게 기술하였다. 문자 메시지나 애니메이션, 인터넷 게임 등 부가가치를 창출하는 서비스에 대한 언급은 없었다. 하지만 이러한 서비스들이 향후 텐센트의 특정 주요 사업이 되었다. 이것을 보면 계획 자체는 현실의 변화를 못 쫓아간 것이 분명하다.

정리칭은 여명컴퓨터공사에서 같이 근무하던 동료 류샤요송(刘晓松)을 찾아가 도움을 청했고 류샤요송은 본인은 투자를 못하지만 대신 투자자를 소개하겠다는 약속을 했다. 이 말을 들은 정리칭은 만일 투자가 이루어지면 투자 금액의 5%를 류샤요송의 지분으로 인정키로 했다. 얼마 후 류샤요송은 호남대학교 3년 선배인 IDG의 슝샤요꺼(熊晓鸽)를 텐센트에 소개했다.

정리칭은 또 린젠난(林建男)을 찾았고 린젠난이 PCCW(盈科数码)를 소개했다. 다행인 것은 두 회사 모두 투자할 의사가 있었다. 이 두 회사가 관심을 끈 것은 20페이지짜리의 사업계획서가 아니었고 ICQ가 2.87억 달러에 AOL에게 매각되었다는 소식이 업계에 널리 퍼져 ICQ의 중국어판이 그래도 어느 정도 가치는 있지 않겠는가 하는 것이 더 크게 작용한 듯하다.

2000년 상반기에 자금이 투입되면서 창업 멤버의 지분은 60%, IDG와 PCCW의 지분은 각각 20%씩 차지하게 되었다. 텐센트는 이 자금으로 서버와 초고속 인터넷 설비를 구매하였고 OICQ의 개발과 개선 업무에 주력하여 시중 유사 제품과의 차별화를 이루게 되었다.

_ 2차 자금 유치

OICQ는 빠른 속도로 성장하였다. 그 시절 마화텅은 늘 시간이 너무 빨리 지나간다고 느꼈다. 순식간에 월급날이 돌아왔다. 기본적으로 별다른 수입 없이 투자 유치한 220만 달러도 거의 바닥이 났다. 2차 투자 자금 유치 문제에 직면하게 되었다. 그러나 이때는 미국 나스닥이 폭락 장세였기 때문에 자금 유치가 그다지 쉽지 않았다.

기존의 두 출자자 중에서 IDG가 새로운 투자자 유치에 더욱 적극적이었다. 계속해서 새로운 투자처를 찾아 나섰다. 정리칭에 의하면 텐센트는 신랑, 야후차이나, 소후, 연상 등과 만나 협의를 했다고 한다. 그중 소후 측 관계자는 아무리 생각해도 텐센트가 돈을 버는 방법이 없다고 판단하여 투자를 포기했다고 한다.

이에 비하여 PCCW의 태도는 매우 애매했다. 처음에는 추가 투자를 고려해 볼 수 있다고 하였다가 얼마 후 또 기다려 보자고 했다. 그리곤 리저카이(李泽楷) 본인이 PCCW 인근의 노천카페에서 텐센트와의 추가 투자협약서에 서명하였고 적지 않은 계약금까지 지급했다. PCCW는 텐센트 등을 통해 중국 내륙으로 진출하고자 하는 마음이 간절했다. 그러나 당시 PCCW는 아시아위성TV를 매수하는 일이 겹쳐 현금이 부족한 상태였고 리저카이는 내부 중역과 상의를 했지만 모두 부정적인 태도를 보여 결국 재투자를 보류하였고 다른 투자처도 소개했지만 모두 허사였다.

그중 TOM그룹의 CEO 왕선(王𤐻)이 PCCW의 소개를 받고 6,000만 달러 투자로 IDG와 PCCW가 소유한 텐센트의 지분 40%를 인계받는 것을 제안받았다. 왕선은 좋은 기회라고 생각했지만 TOM의 최고 주주와 최고 경영층의 판단 실수로 투자는 물거품이 되었다. 이 기간에 두 출자자는 전환가능채권 100만 달러를 마련하여 텐센트에게 빌려주었다. 그러나 이 돈은 텐센트의 생명을 겨우 부지할 수 있는 수준의 액수였다. 이것을 사용하고 나면 텐센트 측에서 지분을 또다시 양보하든지 출자자가 손을 떼든지 둘 중 하나였다. 이때가 마화텅에게는 인생에서 가장 견디기 어려웠던 시기였다. 텐센트의 초기 직원 한 명이 아침에 마화텅의 결재를 받으러 사무실로 들어간 후에야 마화텅이 귀가하지 않고 사무실에서 밤을 지새운 것을 알았다. 마화텅이 서류에 서명하고 머리를 들어 지시 사항을 언급할 때 이 직원은 깜짝 놀랐다고 한다. 마화텅의 머리는 헝클어지고 얼굴은 누렇게 뜨고 두 눈은 퀭하니 충혈되어 있어 매우 초췌한 모습이었다. 마화텅과 텐센트가 처한 어려움을 여실히 보여주는 대목이었다.

이때 파란 눈에 큰 코를 지닌 외국인이 텐센트의 화강북창업단지 내 사무실을 빈번하게 출입하게 된다. 그의 중국 이름은 망대위로 남아공 MIH그룹 중국 업무 관련 부총재로서 중국의 인터넷 전략과 인수 합병 업무를 책임지고 있었다. 중국어에 능통하고 중국의 IT 시황에 밝은 중국통이었다. 최종적으로 MIH는 PCCW의 모든 지분과 IDG의 지분 12.8%를 확보하고 1,260만 달러를 투자함에 따라 텐센트는 2차 자금난에서 벗어나게 되었다. 2004년 6월 텐센트가 홍콩 증권거래소에 주식을 상장하기 전에 IDG의 남은 지분을 확보함으로써 텐센트의 창업 멤버와 MIH가 각각 50%의 지분을 나누어 갖게 되었다.

그 후 텐센트는 큰 자금 압박을 받은 적이 없었고 그 누구도 막을 수 없는 기세로 높은 실적을 이어갔다. 아무도 원치 않았던 텐센트에서 그 누구도 넘볼 수 없는 텐센트로 모습이 바뀌게 되었다. 그리고 MIH는 여전히 30%의 지분을 확보하고 있고 보유 주식은 1,500배가 올랐다고 한다.

_ 위챗의 탄생과 장샤오롱(张小龙)

2010년 장샤오롱은 개발 부서 책임자로 QQ전자우편함을 책임지고 있었다. 그는 QQ전자우편함을 전체적으로 쇄신함으로써 이 아이템을 대중이 쉽게 사용할 수 있도록 하였다. 승진과 연봉 상승으로 인생의 정점에 선 장샤오롱은 이동사교[온라인 사교의 장] 통신 수단에 대한 생각을 마화텅에게 밝혔다. 이 새로운 아이템이 QQ의 지위에 위협을 줄 수도 있다고 판단했지만 마화텅은 장샤오롱이 하는 일을 전폭 지지했다. 그리고 마침내 2011년에 위챗이 탄생했다. 이용하기가 편리하여 샐러리맨뿐만 아니라 중노년층을 순식간에 흡수하였다. 현재 7억 명이 위챗을 이용하고 있으니 출시 후 매년 약 1억 명이 새로 가입한 셈이다. 장샤오롱이 아니었으면 생각도 못했을 일이다.

위챗이 없었다면 2011년의 이동 인터넷 바람의 혜택을 받지 못했을 것이다. 이 분야는 아마도 샤오미가 독식했을 것이고 텐센트의 시가총액이나 영업이익 등 여러 면에서 분명 현재보다 한 단계 아래에 위치해 있었을 것이다. 그리고 위챗이 있었기에 기업위챗과 위챗결제 등이 생겼고 알리바바의 마윈에게 고민거리를 만들어 주었다.

제3절 마화텅 약력

- 1971년 10월 29일 해남성 동방시에서 태어났다.
- 1989년~1993년 심천대학에 진학하여 컴퓨터학 학사학위를 취득했다.
- 1993년 대학 졸업 후 윤신통신발전유한공사에 입사하여 호출 소프트웨어 개발의 엔지니어로서 개발부서 책임자가 되었다.
- 1998년 마화텅은 동창 장즈동과 광동성 심천시에 심천시텐센트컴퓨터시스템유한공사를 설립하였다.
- 2001년 3월 판권 분쟁을 피하려고 명칭을 텐센트OICQ에서 텐센트QQ로 변경하였다.
- 2001년 재정상 흑자로 전환하며 연말에 1,022만 위안의 순이익을 창출하였다.
- 2002년 3월 QQ의 등록 사용자 수가 1억 명을 돌파하였다.
- 2003년 텐센트는 QQ게임을 출시하여 3.38억 위안의 순이익을 달성함으로써 전년 대비 100% 이상의 폭발적인 성장을 하였다.
- 2004년 6월 중국 인터넷 관련 기업으로서는 최초로 홍콩 증권거래소에 상장하여 주당 3.7홍콩달러로 4.2억 주를 발행하였다.
- 2005년 QQ의 동시 접속 이용자 수가 1,000만 명으로 증가하였다.
- 2009년 4월 텐센트의 QQ상표가 국가상공행정관리총국의 유명 상표로 등록되었다.

- 2014년 〈중국가족재부방〉에 마화텅은 1,007억 위안의 자산으로 중국 부호 순위 1위를 기록했다. 2013년에 비해 540억 위안이 증가하였다.
- 2015년 5월 텐센트의 시가 총액은 1,955억 달러를 기록했다.
- 2015년 포브스지 발표에 의하면 마화텅의 자산은 161억 달러로 중국 부호 순위 6위를 기록했다.
- 2018년 1월 제13기 전국인민대표대회 광동성 대표로 선정되었다.
- 2018년 4월 포브스지의 '2018년도 세계에서 가장 위대한 지도자' 19위에 올랐다.
- 2018년 5월 포브스지가 선정한 '세계에서 가장 영향력 있는 CEO' 중 10위에 올랐다.

마원
马云

포기를 모르는 무협 마니아, 마윈

2장

Alibaba Group
阿里巴巴集团

제2장 포기를 모르는 무협 마니아, 마윈

> 마윈(马云, 마운) : 알리바바그룹, 타오바오왕, 즈푸바오의 설립자이다. 2013년 5월 10일 알리바바그룹의 CEO직을 사임한 후 다시 2019년 9월 10일 이사국 주석직도 사임하였고 이사의 신분만을 유지하고 있다. 일본 소프트뱅크 이사, 대자연보호협회 중국이사회 주석 겸 세계이사회 멤버, 화의형제 이사, 생명과학돌파사기금회 이사, 유엔 High- level Panel on Digital Co-operation의 연합주석직을 수행하고 있다. 2019년 보유 자산 333억 달러로 중국 부호 2위, 세계 부호 21위에 올랐다.

제1절 마윈의 성장 과정

_ 영어를 좋아한 개구쟁이 소년

마윈은 1964년 절강성 항주에서 태어났다. 가정 형편이 넉넉지 않아 어려운 유년 시절을 보내야 했다. 부친은 아들이 일찍 철들고 사고를 치지 말라고 구름(雲)이라는 이름을 지어 줬다고 한다. 그러나 마윈은 어린 시절 대단한 개구쟁이였고 친구를 대신해 싸움을 마다치 않아 한번은 머리를 13바늘 꿰맨 적이 있었으며 학교 성적도 좋지가 않아 늘 선생님과 부모님을 실망하게 하곤 했다.

마윈이 12살 되던 무렵 소형 라디오를 구매하여 매일 영어 방송을 듣기 시작하면서 영어에 큰 흥미를 갖게 되었고 그때부터 영어 기초를 쌓아가기 시작하였다. 1979년 중국이 개혁 개방 정책을 펼 무렵 항주에 관광 오는 외국인들이 늘어나면서 소년 마윈은 기회만 생기면 오가는 외국인을 붙잡고 영어 회화 연습을 했으며, 이것이 향후 그가 인생을 살아가는데 결정적인 도움이 되었다.

13살 때 잦은 싸움으로 학칙에 따른 벌점을 너무 많이 받아 항주 8중으로 강제 전학이 되었고, 그 후 고등학교 입학 고사에서 재수하여 일반 고등학교에 겨우 진학할 수 있었다.

_ 세 번 치른 대입 고사

1982년 마윈은 첫 번째 대입 고사에 낙방하였는데 이때 수학점수가 1점이었다. 좌절감에 빠진 마윈은 외사촌 동생과 같이 호텔 서비스직원 자리에 지원하였으나 동생은 채용되고 본인은 떨어졌는데, 호텔 사장은 마윈이 떨어진 이유가 너무 말라 왜소하고 생김새도 너무 못생겼기 때문이라고 했다. 그 후 마윈은 작은 회사의 심부름꾼, 짐꾼 등의 일을 했다.

1년 뒤 마윈은 두 번째 대입 고사에서도 낙방하였는데 그의 수학 점수는 19점이었다. 마윈의 부모는 마윈이 대학 진학의 꿈을 포기하고 전문 기술 한 가지를 배워서 먹고 살아가기를 원했다. 그러나 마윈은 가족들의 적극적인 반대를 무릅쓰고 세 번째 대입 고사에 응시하였고 수학을 79점 받았다. 당시 그가 받은 총점은 일반 대학에 진학하는데 5점이 부족했으나 영문과의 등록 인원 미달로 영어 성적이 우수한 마윈에게 입학할 기회가 부여되어 항주사범학원의 외국어 전공학과에 진학하게 되었다.

대학생이 되면서부터 그의 모습은 달라졌다. 영어 성적이 우수한 마윈은 학과에서 5등 밖으로 밀려난 적이 없었다. 교내 활동도 열심히 하여 타인의 모범이 되었고 항주사범학원에서는 학생회 대표도 하였고, 얼마 후 항주시에서 학생연맹 대표직까지 맡았다.

_ 학원 강사가 컴퓨터를 만나기까지

대학 졸업 후 마윈은 그의 첫 정식 직업으로 항주전자공업학원에서 강사직을 맡게 되어 영어와 국제 무역을 가르쳤는데 당시 월급은 110위안이었다. 가만히 있지 못하는 성격을 지닌 마윈은 아르바이트를 하여 수입을 늘렸고 시간이 나면 항주를 방문하는 외국 관광객을 위해 가이드 역할을 하였다. 서호의 호변에서 영어를 좋아하는 사람들이 모여 서로 회화 연습을 하는 영어 모임은 마윈이 처음 주도하여 시작한 것이다.

1992년에 마윈은 친구와 함께 항주 최초의 통·번역 전문회사인 '해박번역사'를 설립하였으며, 학교에 강의가 없는 날이면 통·번역 일로 분주했다. 그러나 당시의 회사 재정은 매우 어려워서 한 달 수입이 200위안에 불과하여 단지 임대료 700위안을 내는 데에도 턱없이 부족하였다. 도저히 안 되겠다고 판단한 마윈은 이우와 광주로 가서 잡화를 구매하여 마대 자루에 하나 가득 담아 매고 돌아와 선물 용품으로 판매하기도 하였으며 2년이 지나서야 겨우 수지상의 균형을 맞출 수 있었다.

1995년 마윈은 비록 돈은 얼마 벌지는 못하였지만 동분서주하는 왕성한 활동력으로 그의 영어 실력이 주위에 꽤 알려지게 되었고, 그로 인해 절강성 교통청으로부터 미국 합작기업이 진 빚을 받아오라는 위탁을 받고 미국을 다녀오게 되었다.

_ 컴퓨터에서 무한한 잠재력을 발견하고 창업을 결심

귀국하기 전 마윈은 시애틀에 거주하는 미국인 친구를 만난 후 그를 통해 처음으로 인터넷을 접하게 되었다. 그러나 당시 마윈은 컴퓨터의 키보드 건반을 누르는 것조차 두려워했다. 컴퓨터 가격이 만만치 않을 텐데 혹시라도 잘못 눌렀다가 고장이라도 나면 배상해야 할 것이 걱정되었기 때문이었다. 그는 친구에게 맥주라는 단어를 입력해 보라고 주문했다. 그러자 인터넷상에는 미국, 독일, 일본 맥주와 관련된 자료들은 올라왔지만 중국 맥주와 관련한 것들은 아무런 정보도 뜨지 않았다. 마윈이 친구에게 그 이유를 물었더니 '먼저 홈페이지를 만들어 인터넷상에 올려야 전 세계 사람들이 찾아볼 수 있다'고 설명했다. 이것을 보고 그는 인터넷이야말로 무한한 금광이니 이것을 이용하여 중국 기업의 자료를 모아 세계에 알려야겠다고 생각했다.

귀국한 날 저녁, 야학에서 알게 된 24명의 무역업에 종사하는 친구들에게 인터넷에 관해 설명하고 'China Page'에 관한 사업 구상을 밝히자 23명이 반대하고 1명만이 한번 시도해 보는 것도 괜찮겠다는 반응을 보였다. 그날 밤 내내 고심한 마윈은 여러 사람의 반대에도 불구하고 일을 진행해야겠다는 마음을 굳혔다. 그가 사업을 해보기로 한 이유는 인터넷을 통해 사업을 성공시킬 수 있다는 믿음이 있다기 보다는 한 가지 일을 한번 해보면 경험이 생기고 그 경험 자체도 하나의 성공이라고 여겼기 때문이었다. 또한 한번 해보고 안되면 돌아오면 되지만, 시도조차 하지 않는다면 '마치 저녁에 오만가지 생각을 하다가 아침이면 걷던 길을 다시 걷는 것과 같다'고 생각했다. 마윈은 이와 관련하여 '자신이 평가받아야 할 부분은 사업에 대한 안목이 아니라 오히려 자신의 용기'라고 말한다.

_ 두 번의 사업 실패와 세 번째 시도

　'항주10대걸출청년교사' 타이틀을 보유한 그는 대학 강사 자리를 사임하고 본인의 돈 7,000위안과 주변 친지들로부터 빌린 돈을 합쳐 20,000위안을 만들어 1995년 4월 중국 최초로 전자네트워크 회사인 '해박네트워크'를 설립하여 'China Page'를 만들었다. 1996년 32세의 마윈은 자신의 'China Page'를 널리 알려 기업들을 가입시키려 했으나 당시에는 아직 인터넷이 보급되지 않은 도시들이 많았고, 이런 도시에 소재한 기업의 사장들은 모두 마윈을 사기꾼으로 여겼다. 그러나 마윈은 이 어려운 상황 속에서도 뜻을 굽히지 않고 고객들에게 인터넷에 관해 설명하였고 'China Page'에 가입하도록 끊임없이 설득했다. 마윈은 꾸준히 영업 활동을 지속하였는데 다행히 그해부터 인터넷 보급이 빨라져 매출액이 늘었다고 한다.

그러나 1996년 3월에 실력과 자금력이 월등히 우수한 항주전신국이 'China Page' 사업에 뛰어들면서 이 회사와 협력 관계를 맺지 않을 수 없게 되어 마윈은 60만 위안에 해당하는 30%의 지분을 인정받았고, 항주전신국은 140만 위안을 투입하여 70%의 지분을 확보하였다. 하지만 경영상의 견해 차이로 1997년 양측은 협력 관계를 중지하였고 마윈은 그가 보유한 지분 모두를 창업 멤버들에게 나누어 주었다. 마윈이 33살 되던 해의 첫 번째 사업 실패였다.

1997년 말에 마윈과 그의 팀원은 대외경제무역부 산하 중국국제전자상무중심(EDI)에 가입하여 일하게 되었다. 마윈이 회사의 조직 구성과 관리를 맡고 30%의 지분을 확보하는 조건으로 대외경제무역부의 공식 홈피와 온라인 중국상품교역시장을 제작하는 일이었다. 이 과정에서 마윈의 B2B(Business to business, 기업 간 전자 상거래)에 대한 개념과 중소기업을 위한 전자 상거래를 진행해야겠다는 생각이 더욱 확실해졌으며, 알리바바의 상호도 이때 떠올랐다고 한다. 마치 알리바바가 주문을 외우자 보물이 가득한 동굴의 문이 열리듯이 무궁무진한 보물을 지닌 인터넷도 사람들의 발굴을 기다리고 있다고 생각했다. 그리고 1999년 35살의 마윈은 관료주의 속박에 한계를 느껴 정부와의 협력 관계를 포기하기로 했다. 두 번째 사업 실패였다. 이때 야후와 新浪 등 굴지의 회사에서 높은 연봉을 주는 조건으로 그를 초빙하려 했으나 그와 팀원들은 이를 모두 거절하고 항주에서 전자 상거래 사이트를 만들기로 하였다.

1999년 2월 항주의 호숫가에 위치한 마윈의 집에서 진행된 알리바바 회사 창립 준비 1차 회의에서 마윈은 3가지 목표를 발표했다. '첫째, 102년을 생존하는 회사를 세운다. 둘째, 중국의 중소기업을 지원하는 전자 상거래 회사를 설립한다. 셋째, 세계에서 가장 큰 전자 상거래 회사를 세워 전 세계 웹사이트 서열 10위권 안에 진입한다.'는 것이었다.

알리바바에 관한 옛날 이야기는 모든 사람이 들어보았을 것으로 생각한 마윈은 이미 어느 캐나다인이 소유하고 있는 알리바바 도메인 네임을 1만 달러에 구매하였고, 또한 유사 도메인 alimama.com과 alibaby.com도 함께 등록하는 세심함도 보였다. 이때만 해도 그 누구도 이 회사가 몇 년 지나서 거대한 야후차이나를 매입할 것으로 생각하지 못했을 것이다.

_ 차이총신의 합류

사업의 미래가 불투명했기 때문에 창업 멤버 18명은 친척과 친구에게 돈을 빌리지 않는 조건으로 50만 위안을 창업 자금으로 마련하였다. 멤버 중에는 강사 시절의 동료 선생과 학생, 절친 등이 있었고, 심지어 그의 인격에 매료되어 사업에 참여한 사람도 있었다. 현재 알리바바그룹의 수석재무관인 차이총신(蔡崇信)은 원래

다니던 유명 투자전문회사에서 75만 달러의 연봉과 부총재의 자리를 포기하고 마윈의 월 500위안의 급여를 받는 조건으로 팀에 합류했다.

마윈은 모든 직원이 회사에서 5분 거리 이내 지역에 거처를 마련하도록 당부했다. 별도의 사무실이 없어서 직원들은 마윈의 집에서 업무를 보았으며 35명이 한방에 모여 앉아 일할 때도 있었다. 매일 하루 16~18시간을 미친 듯이 일을 했다. 밤낮의 구분 없이 홈피를 만들고 사업 구상에 대한 의견을 나누고 졸리면 사무실 바닥에 누워 잠을 잤다. 그 당시 모두에게 가장 즐거웠던 순간은 마윈이 손수 부엌에서 몇 가지 맛있는 요리를 만들어 식탁에 올려놓고 둘러앉아 함께 먹을 때였다고 한다.

알리바바의 사업 성공을 위해 마윈은 계속해서 직원들을 독려했다. 마치 달리기 경주에서 출발 신호가 울리면 선수들은 다른 경쟁자들을 볼 겨를도 없이 오로지 온 힘을 다해 달려야 하는 것처럼 모두 최선을 다했다. 또한 최대의 실패는 포기하는 것이고, 최대의 적은 바로 자기 자신이며, 최대의 적수는 시간이라고 역설했다. 알리바바는 이러한 환경과 분위기 속에서 탄생하게 되었다.

_ 자금 유치 과정

1999년 3월 알리바바가 정식 출범하고 점차 매스컴의 관심을 받기 시작했지만 38개의 중국 투자 업체로부터 연달아 외면을 받다가 8월이 되어서야 마침내 고성기금(高盛基金)으로부터 500만 달러, 2000년 1분기에는 소프트뱅크에서 2,000만 달러의 투자를 받게 되었다.

마윈은 드디어 자신이 정한 1차 고지에 오르게 되었다. 그러나 이것은 단지 시작에 불과했다. 2000년 4월부터 나스닥 지수가 갑자기 떨어지더니 2년 연속 불황이 지속되었다. 많은 인터넷 회사들이 곤경에 처했고 심지어 문을 닫았다. 그러나 알리바바는 이 기간을 잘 넘겼다. 그 원인은 알리바바가 유치한 2,500만 달러의 투자금과 더불어 대대적인 인적·물적 쇄신 작업 때문이었다.

_ 홍콩을 거쳐 뉴욕에서 상장

혹한기가 지나가고 2003년부터 인터넷의 봄이 오기 시작했다. 2004년 2월 17일 마윈은 북경에서 알리바바가 8,200만 달러의 전략적 투자 자금을 유치했음을 발표했다. 당시 중국 내 인터넷 업체에서 유치한 금액으로는 가장 큰 액수였다. 그리고 2007년 11월 홍콩 증권거래소에 상장하여 중국 내에서의 사업 자금을 확보하였다.

그 후 마윈은 타오바오왕을 만들고 즈푸바오를 보급했으며, 야후 차이나를 합병하고 알리소프트웨어를 설립한 후 2014년 9월 19일 드디어 뉴욕 증시에 알리바바를 정식으로 상장하였다. 미국 알리바바의 시가총액은 2,000억 달러를 기록했다. 마침내 알리바바는 세상에 그 이름을 떨치며 그 누구도 막을 수 없는 무서운 기세로 질주하기 시작했다. 곧 세계 최대의 온라인 상품거래 시장이 되었고 세계 최고의 전자 상거래 기업이 되었다. 또한 알리바바그룹에서 알리바바제국으로 진화하기 시작했다. 1995년에 처음 인터넷을 접촉한 후 두 번의 사업 실패를 거쳐 엄청난 성공 가도에 들어선 것이다.

_ **마윈의 성공 요인**

마윈의 성공 요인은 다음 몇 가지로 볼 수 있다.
1. 남보다 뒤처지는 것을 매우 싫어하고 절대 포기하지 않는 정신력을 지녔다.
2. 예리하게 반응하고 명석하게 사고하여 미래 인터넷의 발전 방향을 간파하였다.
3. 담대하고 세심하게 꿈을 쫓아 앞으로 향해 나아갔다.
4. 넘치는 에너지와 사람을 끄는 매력을 지녔다.
5. 자신을 믿고 이성적으로 분석하는 능력을 갖추었다.

마윈은 자신같은 사람도 사업에서 성공할 수 있었기에 대부분의 중국인도 노력 여하에 따라 모두 성공할 수 있다고 한다. 만일 그의 말이 사실이라면 마윈과 같이 사고할 수 있고, 말할 수 있고, 행동할 수 있고, 남보다 한 걸음 앞서간다면 누구라도 자신의 알리바바제국을 만들 수 있지 않을까 생각한다.

2019년 9월 10일 마윈은 이사국 주석직을 2015년부터 알리바바의 CEO직을 수행한 장용(張勇)에게 물려주고 현재 일반 이사직만을 보유하고 있다. 그는 앞으로 공익사업과 농촌 교육사업에 전념할 것이라고 밝혔다.

제2절 마윈에 관한 일화

_ 마윈의 세 번의 대학 입시 도전

첫 번째 대입 고사를 치를 때 마윈의 영어 실력은 또래 학생들과 비교하면 월등히 좋았으나 그의 수학 성적은 1점을 받을 정도로 형편없었다. 이후 개인회사 비서, 짐꾼, 삼륜차를 이용한 책 배달 등의 일을 하였다. 하루는 절강성 무용가협회 대표의 문서 필사 작업을 도우러 갔다가 우연히 중국의 유명 작가 루야오(路遙)의 대표작인 '인생'이라는 제목의 소설을 접하게 되었다. 소설 속 주인공은 농촌의 지식 청년으로 우여곡절의 삶을 헤쳐가며 살아가는데 그의 모습이 마윈에게 깊은 깨우침을 주었다. 주인공은 재능있는 청년으로 이상 추구에 대한 집념이 매우 강했다. 그러나 그가 이상을 추구하는 과정에서 앞으로 한 걸음 나아갈 때마다 그의 앞에는 커다란 저항이 존재하여 그의 재능을 마음껏 펼칠 기회가 사라지고 심지어 원점으로 되돌아가 있는 현실에 직면해야 했다.

소설 줄거리를 통해 마윈은 인생의 길은 비록 길고 지루할 수 있지만, 결정적인 순간은 바로 몇 걸음 앞에 있을 수 있다는 것을 알았다. '인생의 길이 반듯하기만 하고 갈림길이 없는 사람은 없다. 인생사는 십중팔구는 여의치 않은 일들이다. 이왕에 생활이 이렇듯 우여곡절이 많고 복잡하다면 사람들은 마땅히 이를 태연한 마음으로 받아들여야 한다.'는 말이 뼛속 깊숙이 와 닿았다. 그리하여 마윈은 두 번째 대입 고사에 응시하기로 마음을 먹었다. 그해 여름 마윈은 대입 고사 준비 학원에 등록하고 매일 자전거로 집과 학원만을 오갔다고 한다.

그러나 두 번째 대입 고사도 결과가 좋지 않았다. 수학은 19점이었고 합격권에 들기에는 140점이나 모자랐다. 자식의 대학 진학 희망을 조금이나마 갖고 있던 부모님도 그 꿈을 포기했다. 이 무렵 TV에서는 일본 배구 드라마 '청춘의 불꽃'이 인기리에 방영되었고 집집마다 이 드라마를 시청하고 있었다. 올림픽에 출전하는 국가대표 배구선수가 되기 위해 열심히 훈련하는 중학생 소녀의 분투기를 담은 이 드라마는 열정과 순정, 그리고 진한 가족애로 보는 이의 마음을 사로잡았다. 마윈은 여주인공의 밝은 미소뿐만 아니라 절대로 포기하지 않는 강한 정신력에 매료되었다. 이는 향후 마윈의 사고와 행동에 큰 영향을 끼쳐 '절대로 포기하지 않는다.'가 마윈의 상징어가 되었고 알리바바의 모든 직원에게도 영향을 주었다. 여주인공의 전력을 다해 싸우는 정신이 마윈에게 격려가 되어 부모님의 완강한 반대에도 불구하고 삼수 준비에 들어갔다. 그러나 부모님을 바로 설득할 수 없어 낮에는 일하고 밤에 공부를 했다. 일요일이면 자기 자신을 학습에 전념하도록 독려하기 위하여 집에서 꽤 멀리 떨어진 절강대학 도서관에서 공부했다. 대입 고사 세 번째 도전에 수학을 79점 맞아 우여곡절 끝에 마침내 절강사범학원에 입학하게 되었다. 마윈에게 삼수의 경험은 그의 인생의 여정에서 가장 소중한 정신적 재산 중 하나가 되었다.

_ 마윈의 은인 Ken

Ken Morley라는 호주인이 있었는데 그는 중국에 관심이 아주 많았으며, 1970년대에 호주중국우호협회에 회원으로 가입을 하였다. 1979년부터 중국은 개혁 개방 정책을 폈는데, 그에 따라 1980년에 Ken Morley 일가족은 호주중국우호협회에서 마련한 중국 여행에 참가하여 항주에 오게 되었고 서호 호변의 한 호텔에 묵게 되었다. 그때 자전거를 타고 서호 호변에 온 16살 된 스포츠머리의 중국 소년이 외국인을 붙들고 영어 회화 연습을 하려고 했는데 이 소년이 바로 마윈이었다. 그날 이곳에서 Ken Morley 일가족과 마윈이 마주치게 되어 마윈과 Ken의 아들이 즐겁게 대화를 나누었고 헤어지면서 서로 주소를 주고받았다.

Ken Morley 일가족이 귀국한 후에 마윈은 Ken과 그의 큰아들 David에게 편지를 썼다. Ken은 마윈에게 매번 회신할 때마다 그가 보낸 편지의 잘못 쓴 부분을 고쳐 주었고, 특히 제대로 고쳐주기 위해 행간을 많이 띄어 쓰도록 요구하기도 했다. 1985년에 생각지 않게 Ken은 마윈에게 호주로 여행 올 것을 제의하였다. 그때 마윈은 21살로 항주에 거주했고 당시에는 일반인이 외국으로 나가는 것은 상상도 못 할 일이었다. "한번 시도해 보게나. 혹시 여권을 발급받을 수 있을지 알아?" Ken의 이 말이 외국 구경을 한 번도 못 해본 중국 청년 마윈에게 격려가 되었다. 마윈은 용기를 내어 여권을 신청하였고 6개월이 지나서야 여권을 받을 수 있었다. 그러나 호주에 입국하기 위해서는 입국 비자가 더 필요하다는 것을 알

앉다. 곧바로 주상해호주영사관에 문의를 하였더니 비자 신청은 북경에 소재하는 주중호주대사관에서 해야 한다는 답변을 들었다.

당시 북경으로 이동하는 교통비가 마윈에게는 큰 부담이 되었다. 그러나 마윈은 포기하지 않고 어렵게 차비와 숙박비를 마련하여 북경으로 출발했다. 북경에서는 가격이 저렴한 지하 여관에 투숙했다. 일곱 번 연이어 비자 발급을 거부당했으나 마윈은 포기하지 않았다. 마침내 여덟 번째 비자 신청에 들어갔을 때 Ken이 친구에게 부탁하여 주중호주대사관에 전보를 발송해 결국 비자를 받았고 호주로 갈 수 있게 되었다.

마윈은 호주 뉴캐슬에서 29일간 머물렀다. 그 29일은 마윈에게 매우 중요한 기간이었다. 마윈이 중국에 돌아왔을 때 그는 완전히 다른 사람으로 변화되었다. 만일 그 당시의 29일이 없었다면 마윈은 아마도 평생을 여느 중국 사람들의 방식으로 사고하며 살아갔을 것이다.

Ken은 대학을 다니지 않았지만 마윈이 대학에 다니는 것을 전폭적으로 지지했다. 후일 마윈이 항주사범학원 재학 시에 6개월에 한 번씩 돈을 부쳐줬고 2년여 동안 모두 약 200호주달러를 보냈다. 마윈은 Ken이 세상을 향한 문을 열어준 스승으로 생각한다. 마윈은 Ken과 만나서 많은 사물에 관해 토론했다. Ken은 마윈이 남다르다는 것을 알고 있었고 많은 호기심과 선의로 마윈을 지지해 주었다.

마윈은 Ken의 베풂에 항상 감사하며 보답하고자 하는 마음을 갖고 있었다. 동시에 이 세상에는 자신과 같은 처지의 소년들이 너무나도 많다는 것을 알고 있었기에 언젠가는 Ken과 같은 사람이 되어 우연히 길에서 만난 전혀 알지 못하는 젊은 사람을 도울 수 있기를 희망했다.

기회가 찾아 왔다. 2004년 12월 마윈은 전자결제시스템 즈푸바오(支付宝)를 만들어 보급했고, 2014년에는 알리바바그룹의 주식을 뉴욕에 상장시켜 개인 재산이 227억 달러에 달하자 당시의 은혜를 갚을 수 있는 상황이 되었다. 2017년 2월 3일 마윈은 이미 고인이 된 Ken의 고향인 호주 뉴캐슬에 소재하는 호주뉴캐슬대학에 자신의 성 Ma와 Ken의 성 Morley를 합하여 Ma Morley 장학회를 설립하여 2,000만 달러를 기부했다. 매년 90명의 학생이 장학금을 받게 되었고 장학금을 받은 학생은 알리바바에서 실습할 기회가 부여된다.

_ 수석재무관 차이총신(蔡崇信)

1999년 5월 차이총신은 비행기 편으로 홍콩에서 항주로 왔다. 스웨덴 투자회사 Inverter AB를 대표해 중국 내륙에서 투자처를 물색하기 위해 마윈을 만났는데 첫 만남에 그는 마윈의 인격에 매료되었다. 그리고 며칠 후 다시 마윈을 만나서 호반화원에 설립한 회사를 둘러보았다. 당시 마윈은 아직 회사를 정식으로 등록하지 않았고 18명의 직원이 마윈의 주택을 이용한 사무실에 모여 알리바바 웹사이트를 만들고 있었다. 누가 보아도 무허가 카페 분위기였다. 그러나 차이총신은 마윈에게 회사를 설립하려면 융자를 해야 하는데 본인이 재무와 법률을 알고 있으니 함께 참여해 돕고 싶다고 말했다.

당시 알리바바는 그 누가 보아도 별 볼 일 없는 회사였지만 차이총신은 전혀 뜻밖의 결정을 내렸다. Invester AB의 아시아본부 부총재식과 연봉 75만 달러를 포기하고 월급 500위안을 받고 근무하기로 한 차이총신은 알리바바에서 수석재무관(CFO)직을 맡게 되었다.

차이총신이 알리바바에 참여함으로써 비로소 과거의 감정과 이상으로만 뭉쳐졌던 회사가 규범화되기 시작하였고 현대 기업의 구조를 갖추게 되었다. *18나한들(*알리바바의 초창기 직원 18명)에게 지분, 권리에 관해 설명하고 국제 관례에 부합한 영문 계약서에 서명하도록 했다. 정식 계약서가 작성되었기에 최초 18나한들의 이익을 한데 묶을 수가 있었고, 최초의 창업 격정과 단체 문화를 오래도록 지속시킬 수가 있었다.

차이총신의 노력이 있었기에 알리바바는 국제적 규범에 맞추어 운영될 수 있었을 뿐만 아니라 그의 인맥을 이용하여 고성(高盛)의 500만 달러 투자자금을 유치하였고, 아무도 모르던 알리바바를 세상에 알리기 시작했으며 이로 인해 손정의의 관심도 끌 수 있었다.

1999년에는 선봉대로 알리바바그룹 홍콩 지사를 설립하였고,

2004년~2005년에는 8,200만 달러를 유치하여 야후차이나를 합병할 수 있었기에 재무적으로 탄탄해진 알리바바가 오늘날의 중국 최대 전자 상거래 업체가 될 수 있었다.

많은 사람들이 질문한다. 차이총신이 없었다면 마윈이 성공할 수 있었을까 하고. 이에 대한 정답은 아무도 알 수 없으나 분명한 것은 기업이 크고 강하게 성장하려면 반드시 완전한 장려 제도와 규범화된 운영 방식이 필요하다는 것이다.

_ 6분 만에 손정의를 설득하다

마윈이 알리바바의 투자금 유치를 위해 중국 내 여러 투자 회사를 방문하여 설득해 보았지만, 그들은 한결같이 냉담한 반응을 보였을 뿐만 아니라 마윈을 마치 사기꾼 보듯이 했다. 그러던 중 일본에서 손정의가 투자처를 찾고 있다는 것을 알고 급히 일본으로 날아갔다. 약속 당일 약 2시간의 기다림 끝에 마침내 손정의를 만날 수 있었다. 손정의는 마윈에게 20분간 시간을 주겠다고 했다. 마윈은 유창한 영어로 알리바바의 사업 계획을 설명해 나갔다. 약 6분쯤 지났을 때 손정의는 마윈의 말을 끊고 필요한 자금의 액수를 말해 보라고 했다. 그러자 마윈은 자금이 필요하지 않다고 했다. 그러자 손정의가 자금이 필요하지 않은데 왜 자신을 만나러 왔는지 묻자 마윈은 본인이 손 회장을 뵙고 싶어서 온 것이 아니라 다른 사람이 자신더러 손 회장을 한번 만나 보라고 권해서 왔다고 대답했다.

이러한 대화 내용에 손정의는 화를 내지 않았다. 첫 만남 후에 마윈과 차이충신은 또다시 손정의를 만났다. 손정의가 3,000만 달러의 투자와 30%의 지분을 요구했다. 그러나 마윈은 액수가 많다고 여겨 잠시 고려한 후 최종적으로 소프트뱅크로부터 2,000만 달러를 투자받기로 하였다. 손정의의 지분을 줄이기 위해서였다. 이 만남을 통해 마윈은 자신의 사업을 펼칠 수 있는 기반을 탄탄히 다질 수 있게 되었다.

손정의에 의하면 그날 투자받기 위해 자신을 방문한 사람이 모두 20명이었는데 그중 마윈이 가장 특별했다고 한다. 영어 실력도 본인보다 뛰어난 데다 특히 마윈의 반짝이는 눈빛이 인상적이었다고 한다. 그는 마윈의 사업 방식에 대해 너무 많이 묻지 않았고, 다만 마윈을 통해 중국에 인터넷의 물결이 몰아칠 것을 예감하고 주저하지 않고 마윈에게 투자하기로 했다고 한다. 손정의의 과감한 투자가 있었기에 오늘날의 알리바바가 존재하지 않았을까 생각한다. 마윈도 여러 차례 말하기를 일생을 살아오며 가장 고마운 분은 부모님 말고는 손정의라고 했다.

이베이와의 한판 승부

2005년 알리바바의 B2B 업무는 성공을 거두어 언론의 관심을 받고 있었지만 회사가 아직 상장되지 않아 자금 문제를 충분히 해결하지 못했다. 마윈이 C2C(Consumer to Consumer, 소비자간 전자상거래) 시장에 대해 준비하고 있을 때 C2C의 선두주자인 이베이와의 대결이 시작되었다.

이베이는 이미 1998년도에 미국에 상장한 회사로 시가 총액이 100억 달러가 넘을 정도로 자금력이 탄탄했다. 이에 비하여 알리바바는 시장 영향력, 자금력 등에서 이베이의 상대가 되지 않았다. 2003년 3월 이베이는 3,000만 달러를 투자하여 중국 상해의 전자상거래 회사인 이취왕(易趣网)의 지분 33%를 매입하는 방식으로 중국 시장에 진출하였으며 중국의 C2C시장에서 절대 강자였다.

2003년 5월 알리바바가 타오바오왕을 출범시키자 이베이의 최고 책임자인 맥위트먼이 마윈의 사무실을 방문하여 그를 만나 타오바오왕을 매입하겠다는 의사를 표했다. 물론 마윈은 이 제의를 거절하였는데 당시 마윈은 사무실에서 다트를 던지고 있었고 과녁은 이베이의 로고였다. 이로써 알리바바의 타오바오왕과 이베이 간의 혈투가 시작되었다.

이베이는 공급상으로부터 수수료를 받았지만 알리바바는 수수료를 받지 않았다. 타오바오왕의 출범과 동시에 타오바오왕은 앞으로 3년간 무이윤정책을 견지할 것임을 선언하였다. 그러나 출범 초기에 공급상들은 타오바오왕에 거부감을 느끼고 있었다. 접속량이 이베이에 비해 적어 여전히 이베이를 택하는 것이었다. 접속량이 적은 것은 지명도가 낮다는 것인데 그렇다면 대중 인지도를 높여 접속량을 끌어 올리겠다는 것이 마윈의 생각이었다. 마윈은 타오바오왕의 인지도를 높이기 위하여 손수 뛰어다니며 홍보하고 각종 광고를 대폭 늘렸으며, 심지어 이베이 건물 건너편에 타오바오왕에 관한 대형 광고판을 설치하기도 했다.

공급상이 적으면 공급상을 늘리겠다는 방침으로 전단을 돌려가며 공급상들이 타오바오왕에 점포를 개설하도록 유치 활동을 벌였다. 이와 동시에 일반 대중이 타오바오왕을 체험하도록 하고 소비자들이 불편하게 느끼는 점이 무엇인지 알아내 이러한 것들을 점차 줄여나갔다. 그리고 소비자의 목소리에 귀를 기울이지 않은 타오바오왕의 총책임자를 회사의 총회 석상에 불러 세워놓고 눈물이 나도록 질책도 했다.

이때만 하더라도 아직 이베이가 더 우세였다. 그러나 소비자가 이베이를 사용하는 과정에서 네트워크 고장이 자주 발생하여 공급상들이 애를 먹었고 고객들도 불편함을 느꼈지만, 미국의 본사에서는 이 문제점을 별로 중요시하지 않았다. 오히려 본사는 실리콘밸리의 최고 기술자들이 만든 네트워크에 문제가 생길 수 없다는 생각이었고 이로써 문제는 더욱 커졌다.

상황은 점점 더 마윈과 알리바바에게 유리하게 전개되었다. 이베이가 점차 고전하는 모습을 보이더니 2005년에 알리바바의 타오바오왕이 중국의 C2C시장에서 선두 자리를 차지한 것이다. 이베이의 시장 점유율은 80%에서 29.1%로 떨어졌고 타오바오왕은 67.3%로 상승하였다. 그 후 타오바오왕은 계속해서 기록을 세워 나갔다. 출범 6개월 후 세계 100위권 진입, 9개월 후 50위권 진입, 12개월 후 20위권 진입, 2005년에 상품량·접속량·거래량·거래액 등 4개 항목에서 모두 이베이를 앞서갔다.

그러나 이러한 과정에 한가지 해결 안 된 문제가 있었으니 바로 자금 사정이었다. 타오바오왕은 이베이와 달리 일정한 수수료를 받지 않았기에 이윤을 확보하지 않아 수입이 전혀 없는 상태여서, 그 방대한 조직을 운영하기 위해서는 계속해서 자본을 태워 없애듯 쏟아 부어야 했다.

알리바바에게 가장 어려웠던 것은 B2B가 정상 궤도에 오르긴 했지만 그 이전에 타오바오왕 같은 사업이 성공한 선례가 없어 자금 유치가 어려웠다. 타오바오왕에는 자금이 끊임없이 투입되고 있었지만 별다른 이윤 창출 방법이 없는 상황에서 돈을 태워서 없애는 사업에 투자할 사람이 없었다. 이때 마침 야후의 양쯔위안이 나타난 것이다. 아무도 타오바오왕의 미래를 낙관하지 않았을 때 그는 무려 10억 달러를 투자한 것이다. 한순간에 자금 문제가 해결되었다.

야후의 10억 달러 투자금을 받은 마윈은 이베이와 끝까지 싸울 힘이 생긴 것이다. 전에는 타오바오왕이 이윤을 못 내는 것이 두려웠지만 이젠 10억 달러라는 탄약을 확보하였으니 두려울 것이 없었다. 드디어 알리바바는 이베이와의 사투에서 완승하였고 2009년부터 이윤을 내기 시작하더니 마침내 중국의 인터넷 업계에서 가장 돈이 많은 회사가 되었다.

_ 무협소설가 진용(金庸, 김용)

많은 사람들이 마윈이 무협 마니아라는 것을 알고 있다. 무협 소설을 무척 좋아할 뿐만 아니라 본인 자신도 무술을 연마하고, 본사 빌딩 내 사무실마다 진용 소설 속의 명칭을 인용하고 있다. 광명정, 달마원, 도화도, 나한당, 취현장 등의 명칭이 있는 알리바바 빌딩에 들어서면 마치 무림 성지에 온 착각이 들 정도다. 그리고 2017년에는 무협의 꿈을 실현하기 위하여 마침내 자신의 '무협연구원'을 설립하게 되었다.

마윈은 어릴 때부터 무협 소설 읽기를 좋아했고, 특히 진용의 책에 심취했다. 협객들의 의협심이 강한 기개와 따뜻한 마음, 높은 경지의 무공을 연마할 때의 몰입 상태, 기회와 인연, 특히 절대고수의 경지까지 올라가는 과정에서 마주하는 각종 시련은 어린 시절의 마윈에게 무한한 상상력을 불러일으켰다.

10대 소년일 때 마윈은 학교 앞 노점에서 불법 복사한 진용의 무협소설 '연성결(连城诀)'을 한 권 구입했는데, 이 책을 읽으면서 내용에 감동하여 얼굴에 눈물이 범벅되고 어깨를 들썩이며 엉엉 울기까지 했다. 난생처음 문자의 힘을 느끼게 되었고 진용의 작품이 너무 훌륭하고 감동적이며 재미가 있다고 생각했다. 40대가 되어 진용의 작품을 다시 찾아서 또 읽어 보았는데도 여전히 재미있고 감동적이었다. 숙봉(萧峰), 적운(狄云)과 같은 남자와 아주(阿朱), 정령소(程灵素) 같은 여자를 보게 되면 또다시 얼굴에 눈물이 범벅되었다. 마윈은 진용의 작품을 다시 읽는 것은 자신의 청춘에 대한 깊은 반성이자 정신적 구원이라고까지 표현했다.

마윈은 진용 선생의 거의 모든 무협 소설을 여러 번 반복해 읽었고 한때 그의 꿈은 무림의 고수가 되는 것이었다. 마윈이 제일 좋아하는 무협 인물은 '소오강호'의 풍청양(风清扬)이다. 그는 풍청양의 모습으로 살아가기를 원했고 심지어 타오바오왕의 ID마저 풍청양으로 정했다. 마윈이 풍청양을 좋아하는 이유를 두 가지 들었다. 첫째, 그는 스승으로서 직접 나서지 않고 제자 영호충(令狐冲)을 배출했다. 둘째, 그는 어떠한 공격도 하지 않고 모든 공격을 물리친다. 그는 기본적으로 모든 검법을 꿰뚫고 있기에 이것이 가능했다.

마윈은 이렇게 말한 적이 있다. "농담 반 진담 반입니다만 진용의 작품을 통독하여 그의 작품 세계를 이해한다면 알리바바에 입사할 수 있다는 말이 있었습니다. 당시에 이런 말이 전해진 것은 우리 회사에 진용 팬이 많기 때문입니다. 진용의 소설 속에는 매우 중요한 것이 있습니다. 바로 의협심을 지니고 온갖 시련을 겪고 이겨 나간다는 것이죠. 성공하기 위해서는 갖은 고통을 극복해야 합니다. 알리바바에서는 일자리를 구하는 것이 아닙니다. 알리바바에서는 하나의 사업을 추진하는 것이고 하나의 꿈을 실현하는 것입니다."

제3절 마윈 약력

- 1967년 9월 10일 절강성 항주시에서 태어났다.
- 1988년 항주사범학원 영문과를 졸업하고 항주전자과기대학 영어 및 국제무역학 강사직에 부임했다.
- 1992년 해박번역사를 설립하였다.
- 1995년 4월 중국 최초의 상업인터넷회사 항주해박컴퓨터서비스유한공사를 설립하여 China Page를 제작하였으며, 절강성 대외선전판공실의 웹사이트를 만들어 금합공정(金鴿工程)이라는 이름으로 절강성의 경제·문화를 홍보했다.
- 1996년 3월 항주전신국에서도 China Page를 제작하여 마윈은 항주전신국의 China Page와 합병하기로 하였고, 1년 뒤 대외경제무역부의 요청으로 중국국제전자상무중심을 설립함에 따라 China Page를 포기하기로 결정하였다.
- 1999년 3월 마윈은 대외경제무역부의 공직에서 사임한 후 알리바바 웹사이트 개발과 관련한 새로운 창업을 시작하였다.
- 1999년 4월 알리바바 웹사이트가 인터넷상에 정식으로 등장하였고 차이총신이 알리바바 사업에 참여하기로 하였다.
- 1999년 10월과 2000년 1월 2회에 걸쳐 소프트뱅크 등 국제 투자 회사로부터 2,500만 달러의 투자를 유치했다.
- 2003년 5월 10일 마윈은 타오바오왕(淘宝网)을 만들어 이베이가 지분을 소유한 이취왕의 점유 시장을 탈취하기 시작했다.
- 2004년 12월 전자결제시스템 즈푸바오(支付宝)를 만들어 고객의 결제 방식을 더욱 용이하게 하였다.

- 2005년 8월 17일 야후는 10억 달러와 야후차이나의 전체 자산을 알리바바에 투자하는 대가로 알리바바의 40% 지분과 35%의 표결권을 확보하였음을 공시하고 마윈은 야후차이나 이사국의 주석직에 부임하였다.
- 2007년 11월 마윈이 설립한 알리바바네트워크유한공사가 홍콩 증권거래소에 정식 상장됐다.
- 2013년 5월 10일 마윈은 알리바바그룹 CEO직에서 물러나고 루짜오시(陆兆禧)가 그의 자리를 승계했다.
- 2014년 9월 19일 알리바바그룹은 뉴욕 증권거래소에 정식으로 상장됐다.
- 2017년 7월 17일 〈포브스부호방〉은 마윈의 재산을 354억 달러로 세계 18위, 중국 1위 부자라고 발표하였다.
- 2018년 5월 포브스지가 선정한 '세계 10대 영향력 있는 CEO' 중에 6위를 차지하였다.

쉬자인
许家印

곰팡이 핀 밀떡을 먹고 공부한 부동산 재벌 쉬쟈인

3장

제3장 곰팡이 핀 밀떡을 먹고 공부한 부동산 재벌, 쉬자인

◆◆◆

쉬자인(許家印, 허가인) : 헝다지산그룹(恒大地産集團) 이사국 주석이며, 당위원회 서기 겸 통전부 부장, 무한과기대학 관리학 교수, 중국 10대 자선가, 제11차 전국정치협상회의 위원, 제12차 전국정치협상회의 상무위원, 전국노동모범, 중국기업연합회 부회장, 중국방지산협회 부회장직을 겸임하고 있다.
2017년 10월 12일 〈2017호윤백부방〉에 보유 자산 2,900억 위안으로 중국의 최고 부호가 되었다. 2019년 보유 자산 322억 달러로 중국 부호 3위, 세계 24위에 올랐다.

제1절 쉬자인의 성장 과정

_ 극도로 어려웠던 어린 시절

쉬자인은 1958년 10월 9일 하남성 주구시 태강현의 시골 마을에서 태어났다. 이곳은 중국에서도 가난하기로 유명한 곳이다. 부친은 16세에 공산당에 입당하면서 종군 생활을 시작해 8년간 항일전쟁에 참여하여 기병 부대 중대장을 지냈으나 부상 후 귀향하여 창고 관리인 일을 했다. 그의 어린 시절은 고생과 가난의 연속이었다. 쉬자인이 태어난 다음 해에 어머니는 패혈병에 걸렸으나 돈이 없어 치료를 못해 세상을 떠났고 쉬자인은 반은 고아로 성장했다. 다행히 할머니가 어머니의 역할을 하며 보살펴 주셨다. 쉬자인은 어릴 때 성격이 매우 고집스러워 한번 매를 맞으면 바닥에 앉아 온종일 울었는데 누구도 말리지 못했다고 한다. 쉬자인의 독립적이며 고집스럽고 강인한 성격은 어린 시절 어머니의 사랑이 없이 자라서 비롯된 듯하다.

그가 다녔던 초등학교는 초가지붕이었고 책상 상판은 진흙을 말려 만들었다. 비가 오는 날이면 교실 안에는 짚풀 사이로 작은 비가 내려 온통 진흙투성이였다. 그 시절 그의 유일한 취미는 쓰레기 더미에서 고장이 난 플래시, 전선, 철사, 쇳조각 등을 주워 작은 손전등을 만드는 것이었다.

사실 가정 형편이 어려워 학교에 다니기 곤란한 상황이었지만 공부 잘하는 아들을 위해 부친은 다른 지출을 줄여 가며 쉬자인이 고등학교 과정을 마치도록 힘썼다. 고등학교에서는 기숙사 생활을 했다. 집에서 일주일치 먹을 것을 가져다 대나무 광주리에 담아 벽에 걸어 놓고 먹었는데 밀떡과 삶은 고구마가 전부였다. 겨울에는 일주일을 먹었지만 여름에는 3일만 지나면 곰팡이가 폈다. 그러면 물로 곰팡이를 씻어 내어 먹으며 허기를 채웠다.

고등학교 졸업 후 농촌인 고향에서 2년 동안 생활했다. 논일, 밭일, 트랙터 운전, 농촌 보안, 창고 관리원 등 안 해 본 일이 없었다. 한번은 마을 생산팀 집단 노동에 인분을 퍼서 나르는 사람 한 명이 필요했다. 생산팀장이 누구 할 사람 없냐고 묻기도 전에 손을 번쩍 들고 나서서 퍼 날랐다.

_ 10년 후에 지킨 아버지의 약속

그러던 그에게 기회가 찾아왔다. 1977년 중국에 대입 고사 제도가 부활한다는 소식을 듣고 그 길로 달려가 시험 신청서를 제출했으나 준비 기간이 부족해 그해에는 합격을 하지 못했다. 그다음 해에 5개월간 시험 준비를 하였고 고등학교로 돌아가 보충 학습도 받았다. 수학, 물리, 화학 등 이과 과목의 기초가 탄탄하여 마침내 원하는 대학에 입학할 수 있었다. 인구 1,000만 명의 주구시에서 전체 3등을 하였다. 그날 부친은 쉬자인에게 매화표 손목시계를 선물해 주셨다. 초등학교 시절 쉬자인은 아버지께 만일 자신이 대학생이 되면 손목시계를 사줄 수 있냐고 물어봤더니, 꼭 사주겠다고 약속하셨다. 그리고 10년 후 아버지는 그 약속을 지켰다.

가난한 가정과 고단하기 그지없는 환경 속에서 본인의 노력으로 대학에 입학한 후 그의 인생은 질적인 면에서 변화가 일어나기 시작했다. "지식이 운명을 바꾸고 시대가 영웅을 만든다"라는 말을 쉬자인은 몸소 실천해 나갔다.

대학을 다니는 4년 동안 특별히 주목받지는 못했지만 사람을 단련시킨다는 위생위원 역할을 했다. 사실 위생위원이라는 직책은 학과의 학생들을 동원하여 학교의 구석구석을 청소하는 것이었다. 청소 날이면 남녀 학생 기숙사를 향해 청소하러 나오라고 고함을 질러댔고, 그래도 학생들이 안 내려오면 방마다 찾아가 학생들을 끌고 내려와 청소하도록 독려했다. 쉬자인은 자신이 사람들을 조직하고 관리하는 능력이 아마도 이때 학생들을 청소시키면서 이루어진 것 같다고 했다.

_ 무양철강공장

대학 졸업 후 쉬자인은 하남 무양철강공장에 입사하였다. 1978년부터 생산 가동된 무양철강공장은 인력이 모자랐고 쉬자인은 이곳에 처음으로 배치된 대졸자였다. 그는 매우 열정적인 모습을 보였고 주위 사람들과 대화하는 것을 좋아했다. 매우 힘든 작업 일선인 열처리 작업 현장에 스스로 자원하여 현장 책임자의 업무를 보조했다. 매일 작업 현장에서 제철 과정을 관찰하며 수백 개의 문제점을 제기하였고, 얼마 후 '생산관리300조'를 작성하여 생산관리에 적용했다.

공장에서 근무한 지 2년째 되던 해 쉬자인의 직위는 일반 기술자에서 300여 명을 거느리는 작업 현장 책임자로 승진하였다. 이때 그의 관리 능력이 빛을 발휘하기 시작했다. 단기간에 쉬자인은 소관 작업 현장을 무양철강공장에서 가장 활기 넘치는 현장으로 만들었고 '작은 황제'라는 별명까지 얻게 되었다. 10년간 제철 공장 작업자로 있으며 쉬자인은 다양한 관리 방법을 습득했다. 용광로는 철강을 제련했을 뿐만 아니라 쉬자인도 단련시켰다.

하지만 제철 공장에서의 근무 기간이 길어질수록 자기 개발의 기회가 좁아지고 있다는 느낌을 받기 시작했다. 7년간 일선 작업 현장 책임자로 휴일도 없이 최선을 다해 일했지만 지도부는 그를 승진시키지 않았다. 무양제철공장에 대한 그의 잠재의식 속에는 작은 계곡을 빠져나왔는데 또다시 만난 큰 계곡이라는 느낌이 있었다. 그리고 이 계곡을 벗어나 더 넓은 세상을 경험하고 싶은 생각이 들었다.

중달에서 새로운 시작

1992년 개혁 개방의 총설계사 덩샤오핑은 무창, 심천, 주해, 상해 등지를 시찰한 후 '남순강화'를 발표함으로써 중국은 개혁 개방의 속도를 높였고 심천은 그것의 교두보가 되었다. 그즈음 쉬자인은 약간의 현금과 30여 장짜리 이력서를 들고 심천으로 가서 두 달을 넘게 직업 소개 시장을 뛰어다녔지만 그를 받아줄 회사를 찾지 못해 앞날이 막막했다. 그 후 친구의 조언대로 이력서를 2장으로 줄였더니 그를 채용하겠다는 회사가 세 곳이 나타났다.

그는 중달이라는 무역회사를 선택했는데 사장의 첫인상이 좋았고 배울 점이 많다는 느낌이 들었다. 입사 후 실제로 쉬자인은 사장으로부터 다양한 회사 관리의 노하우를 배웠고 지금까지도 당시의 그 사장에게 몹시 고마워하고 있다. 쉬자인은 상대방의 비위를 잘 맞추고 매우 겸손하여 위로는 사장에서부터 아래로는 말단 여직원에 이르기까지 그들 모두를 사부(師傅:선생님을 뜻함)라고 부르며 존중했다. 무양철강공장에서의 '작은 황제'라는 별명이 무색할 정도였다.

그는 업무원의 직책을 충실히 수행하였다. 그동안 형성한 인맥과 잘 아는 친구의 도움 등으로 거래처로부터 중요한 양보를 받아내 회사에 10만 위안의 이득을 가져왔다. 이 일로 사장은 쉬자인을 달리 보게 되었고 곧 행정실 책임자로 승진시켰다.

1년이 지나자 쉬자인은 행정실 책임자 자리가 더 이상의 자기 발전 가능성이 희박하다고 느껴 다시 한번 변화가 필요하다고 생각했다. 본인이 잘 아는 무양철강공장과 협력하여 심천에 새로운 회사를 만들어 이 회사의 총책을 맡는 것을 사장에게 건의하였다. 사장의 동의를 얻은 후 얼마 지나지 않아 중달 산하에 쉬자인이 지휘하는 전달(全达)이라는 회사를 설립했다. 친구에게 10만 위안을 빌려 사무실 의자와 탁자를 마련했고 신문에 직원 모집 공고도 게재하여 마침내 회사의 모습을 갖추게 되었다. 당시 그의 공식 직함은 전달(全达)의 사장 겸 본사인 중달의 행정실 주임(主任:책임자를 뜻함)이었다.

1994년 본사인 중달의 사장은 쉬자인을 장춘 회사의 책임자로 임명하려 했지만 쉬자인은 심사숙고 끝에 광주에서 사업 영역을 확대하고 싶다고 했고 사장은 이를 승인했다. 그는 푸조 차량 1대와 기사, 출납, 업무원 등 4명을 대동하고 득의양양하게 광주에 도착해 붕달방지산공사라는 회사를 설립했다.

그 회사가 광주에서 처음으로 추진한 부동산 프로젝트는 주도화원(珠岛花园)이었는데, 당시 대형 면적 주택 건설을 주로 하는 광주의 주택 시장의 틈새를 노린 것으로써 '소면적, 저가격' 전략이었다. 분양 전부터 시장으로부터 대단한 관심을 끌었고, 그 결과 1기 프로젝트는 분양을 시작한 지 얼마 되지 않아 성공적으로 모두 매각되었다.

주도화원(珠岛花园)을 건설하기 전까지 쉬자인은 부동산 건설 사업을 해 본 적이 없었다. 심지어 용적률이 무엇인지도 몰랐다. 그야말로 배우면서 일을 진행했다. 그리고 이 사업은 쉬자인의 헝다그룹의 시발점이 되었다. 1996년 5월 주도화원(珠岛花园) 2기 분양이 진행 중일 때 쉬자인은 회사를 떠나 창업을 하기로 결심했다.

_ **헝다의 창업 동기**

쉬자인이 월급쟁이에서 창업주로 바뀐 데에는 그 이유가 있었다. 쉬자인의 주도로 추진한 주도화원 사업에서 모회사 중달은 2억 위안이 넘는 순이익을 거두어들였다. 그러나 당시 쉬자인의 임금은 턱없이 적었다. 한 달에 겨우 3,000위안 정도였다. 그의 가족이 3,000위안의 임금으로 생활하기에는 어려움이 따랐다. 고민 끝에 쉬자인은 중달 사장과 상담을 진행하고 급여를 8,300위안으로 올려 달라고 요청했다. 그는 사장에게 사람에게는 각자의 가치가 있어서 사람에 따라, 수준에 따라, 회사 공헌도에 따라 이에 타당한 대우를 해줘야 한다고 말했다. 그렇지 않으면 관리적인 측면에서 능력 있는 사람을 회사에 붙들어 놓을 수가 없다는 점도 강조했다. 정중히 말을 건넸지만 사장은 그의 요구를 거절했다.

사장으로부터 거절을 받은 쉬자인은 다시는 남 밑에서 일을 하지 않겠다고 다짐하고 회사에서 몇 명을 데리고 나와 헝다지산공사를 설립했다. 그러나 1997년은 아시아에 금융 위기가 몰아닥친 해로 중국 내 모든 기업이 어려움에 부닥쳤고, 더구나 부동산 개발 사업은 방향 설정조차 힘든 초주검의 상태였다. 쉬자인이 중달을 떠나 헝다를 설립한 바로 그즈음 부동산 경기는 그야말로 끝모를 바닥을 헤메고 있었던 상태였다.

_ 적은 자본으로 부동산 개발 사업을 추진하는 방법

자금이 없는 회사가 큰일을 하기 위해서는 가장 적은 돈으로 신속히 개발하고 분양하여 자금을 빨리 회수해야만 했다. 쉬자인은 헝다의 첫 번째 프로젝트를 해주구 원광주 농약 공장 부지를 선택했다. 당시 이곳은 공장 지대로 오염이 심각했고 사회 기반 시설이 제대로 설치되어 있지 않은 시 외곽지역으로써 대다수의 개발 회사가 관심을 보이지 않았다. 농약 공장 부지는 공상은행 소속의 부동산 회사가 보유하던 곳으로 불경기인 데다가 부지의 위치가 좋지 않아 저가로 경매에 나왔다. 비록 저가였다고는 하지만 자금이 전혀 없는 쉬자인에게는 그 금액마저 천문학적인 숫자로 느껴졌다. 사업을 추진하기 위해서는 토지 대금 납부 방식을 조정하는 수밖에 없었다. 온갖 방법을 궁리한 끝에 11만 제곱미터의 부지를 3등분 하여 분할 납부하는 방법을 생각해 냈다.

1기 개발 부지 4.7만 제곱미터는 빌린 돈으로 500만 위안을 지급한 후, 이 부지를 은행에 저당 잡혀 600만 위안을 대출받아 500만 위안을 갚고 남은 돈 100만 위안으로 금벽화원(金碧花园)을 건설하였다. 건축업체에게는 우선 50%의 공사비를 지급하였다. 현재는 공사 진도가 3분의 2 이상이 진행되어야 분양할 수 있지만, 당시에는 한 개의 층 공사가 끝나면 바로 분양할 수 있었다. 1997년 6월 8일 금벽화원(金碧花园)이 착공되어 3개월 후 정식으로 분양이 시작되었다. 분양가는 제곱미터당 2,800위안으로 주해구의 인근 집값보다 20%가 저렴하여 그날 오후 1기 323채 가옥이 모두 매각되었고 8,000만 위안 이상을 회수하여 한순간에 헝다의 자금난을 해결할 수 있었다.

헝다의 첫 사업은 속전속결로 끝났고 그해 토지 수용, 건축, 시공, 준공, 분양, 관심도, 입주, 수익 등에서 8개의 신기록을 냈다. 쉬자인에게 향후 필요한 사업 자금을 마련해 주었을 뿐만 아니라 헝다의 사업 기반을 마련해주는 계기가 되었다.

1996년 6월 23일 광주에서 처음으로 국유 토지 사용권 경매가 진행되었고 헝다그룹은 1.34억 위안의 가격으로 농약 공장 주위의 5.3만 제곱미터의 토지 사용권을 낙찰받았다. 그 이전에도 몇 차례 토지를 낙찰받은 것이 있고 이번 낙찰로 토지 면적이 확대되어 金碧花园의 52만 제곱미터의 발전 목표를 실현할 수 있게 되었다.

_ 규모와 고급화를 동시에

후일 쉬자인은 당시를 회상하며 금벽화원 프로젝트를 진행하면서 기업 운영에 있어 특히 회사의 초창기에 가장 중요한 것은 현금 유동성 확보라고 강조했다. 이 신념을 충실히 이행하여 금융 위기도 무사히 넘길 수 있었다. 과감한 분양가 하향 조정, 전략적 동반자 구성, 2006년 증시가 상승장일 때 녹경지산(绿景地产)에게 지분을 양도하고 홍콩 증시에 상장을 준비한 것 등이 이 신념을 실천한 것이라고 할 수 있다.

그 후 헝다는 고속으로 발전하게 되었다. 당시 광주에는 1,600여 개의 부동산 개발 회사가 있었다. 헝다가 출범할 때 개발 회사 대부분이 1990년 경에 설립되어 헝다보다 5, 6년 일찍 사업을 시작하였다. 헝다는 달리는 말에 채찍을 가하듯 사업을 추진했다. 1999년이 되자 단 3년 만에 광주의 30대 기업 중에 7위를 하였고, 2004년에는 전국 10위권에 진입하였으며 2005년, 2006년 3년 연속 10위권을 벗어나지 않았다.

2004년은 헝다에게 사업의 분수령이 되는 한 해였다. 그 이전에 헝다는 규모의 확대와 자본 축적에 힘을 쏟았으나 이때부터 헝다는 '규모+브랜드'의 노선을 걷게 된다. 헝다는 개혁을 단행했다. 금벽화원 4기 공사 설계가 끝난 후 전체 직원들을 공사 현장에 모이게 하여 회의를 진행하였다. 쉬자인은 큰소리로 외쳤다. "오늘부터 회사 직원 일동은 '고급 주택을 짓고 브랜드를 창조한다'는 선전 구호를 외쳐야 합니다."

우선 모델하우스부터 바꾸었다. 실내 장식 기준을 제곱미터당 400위안에서 시작했던 것이 2015년에는 3,000위안까지 상승하였다. 이것은 의식의 전환이었다. 중급이건 고급이건 주택이 잘 지어지면 투자 대비 이익이 증가하게 된다. 그 후 '헝다의 고급화 전략(恒大精品战略)'에 따라 헝다는 중국 전역에 헝다성, 헝다오아시스, 헝다화부, 레저용부동산인 헝다금벽천하를 개발했다. 헝다는 보유 토지 중에서 중급 주택 60%, 중고급 주택 약 25%, 고급 주택을 약 10% 건설할 계획을 마련하였다.

2008년 금융 위기가 아시아를 강타하자 헝다도 이를 피할 수 없었다. 당시 헝다는 전국 32개의 건설 현장에서 906만 제곱미터 규모의 건축이 진행되고 있었고 대규모 토지 매입으로 100억 위안이 넘는 자금이 부족하여 회사 운영에 영향이 컸다. 이 어려운 순간 쉬자인은 회사가 출범할 때 사용했던 박리다매 방식을 내세웠다. 전국 수십 개의 사업 현장에서 판촉을 시행하여 빠른 시간 내에 자금을 조성할 수 있었고, 한편으로는 국제투자은행 및 홍콩 부호와 융자 협약을 체결하여 어려운 시기를 넘길 수 있었다.

_ 홍콩 증시에 상장

2009년 11월 5일 홍콩 증권거래소에서 쉬자인은 헝다지산의 상장을 알리는 징을 울렸다. 몇 차례의 우여곡절 끝에 헝다지산의 주식이 정식으로 거래될 수 있게 되었다. 이날은 2009년 포브스지에서 중국 부호 순위를 발표하는 날이었다. 비아적(比亚迪)의 왕촨푸가 396억 위안으로 1위에 올라있었지만, 불과 몇 시간 뒤 쉬자인이 422억 위안의 자산 보유로 중국 내륙에서 최고의 부호가 되었다. 이날 헝다지산의 주가가 폭등하여 종가 기준 시가총액 705억 위안을 기록하였다. 쉬자인은 이 회사의 지분을 68.01% 보유하고 있었다.

쉬자인은 미국 기업 5,000개 중 94%가 다양한 영역으로 사업을 확장하고 있으며 삼성, 지멘스, 듀퐁, 창장스예 등 세계 500대 기업들도 모두 사업을 다양하게 전개하고 있는 것을 보고 사업 다각화의 필요성을 느꼈다. 완다, 완커 등이 부동산 개발 사업을 기초로 이것과 관련있는 분야로 사업 영역을 확대하고 있듯이 헝다도 다양하고 원대한 사업 영역을 계획하고 추진하기 시작했다.

_ **문화 · 체육 산업에 진출**

2009년 헝다는 문화 · 체육 산업에 진출하고자 2,000만 위안을 출자하여 중국 최초의 여자 프로배구 구락부를 만들었고, 높은 연봉의 유명 외국 선수를 영입해 헝다의 영향력을 키워왔다. 이어서 2010년에 약체인 광주축구팀을 1억 위안에 인수하여 광주헝다축구구락부를 만들었다. 이 결정이 헝다의 발전과 쉬자인 본인의 좋은 이미지 형성에 지대한 공헌을 하였다. 그리고 불과 3년 후 이 팀을 아시아 최고의 강팀으로 만들면서 구락부의 가치를 24억 위안으로 올려놓았다.

 2010년 헝다는 음악과 영상 사업 영역으로 진출하여 헝다음악을 설립하였다. 2013년 말에는 2만 2천 곡의 노래, 녹음, MV, 음악회의 판권을 소유한 중국 최대의 음악 지적 재산권을 보유한 회사가 되었다.

 현재 헝다는 광천수, 농업, 유업, 목축업 등의 영역에도 진출하여 국민 생활의 필수품을 공급하고 있으며, 또한 관련 사업을 통해 현금 유동성을 확보하여 헝다의 주요 사업인 부동산 개발에 자금을 지원하고 있다.

제2절 쉬자인에 관한 일화

_ 무강을 떠난 후 처음부터 다시 시작

심천에서 새로운 직장 생활을 하면서 쉬자인은 무강 작업 현장 책임자로서의 오만함은 머리 위에서부터 발끝까지 모두 씻어 버리고 처음부터 다시 시작했다. 당초 쉬자인을 채용하려고 했던 회사는 모두 3곳이 있었는데 쉬자인은 그중에서 중달이라는 상호의 회사를 선택했다. 우선 회사 사장의 첫인상이 좋았고 이 회사로부터 자신이 갖고 있지 않은 무언가를 배울 수 있다고 느꼈기 때문이었다.

무강에서는 수백 명을 관리하는 책임자였지만 중달에서는 말단 여직원에게까지 사부라고 칭하며 머리를 숙였다. 이것은 그가 무강에서 불리던 소황제의 모습과는 어울리지 않았고 후일 보여준 부동산 황제의 모습과도 거리가 멀었다. 그가 이렇게 변하게 된 데는 이유가 있었다. 안정적인 전 직장을 그만둔 뒤에는 이미 돌이킬 수 없는 길에 들어섰기 때문이었다. '무'에서 시작한다는 것은 직장과 직위에서뿐만 아니라 가정생활에서도 마찬가지였다.

그즈음 쉬자인에게 큰 영향을 미친 일이 있었다. 한 겨울에 장인이 고혈압으로 입원해 계셨는데 위독하다는 전갈을 받고 그 즉시 기차를 타고 장인이 계신 하남성 누하로 향했다. 밤에 기차에서 내리니 버스가 없어 삼륜차를 타고 다시 3시간을 가서야 겨우 도착했다. 장인의 마지막 소원은 하남성 무강에서 안휘성 고향집으로 돌아가는 것이라고 했다. 하는 수 없이 급히 소형 화물차를 한 대 빌려 장인의 머리를 감싸고 12시간을 달려 겨우 안휘성에 도착했다. 집에 도착했을 때 그의 두 손은 꽁꽁 얼어 있었고 장인도 임종 직전이었다. 6개월 된 아들을 안고 있던 부인은 얼어붙은 남편과 아버지의 모습을 보고 울음을 터뜨렸다.

그 무렵 쉬자인은 남자로서, 그리고 남편으로서 남에게 뽐낼 밑천이 없었다. 중달에 이직한 초기 업무원 시절에는 3개월 동안 친구 집 복도에서 잠을 잤다. 행정실 부책임자가 되어서는 여건이 조금 개선되어 회사에서 사용하지 않는 주방을 침실로 이용했다. 하지만 공간이 너무 좁아 작은 침대를 하나 놓으니 문이 닫히지 않아 1년 내내 공개된 침실에서 살아야만 했다.

1993년 쉬자인이 심천에서 전달의 사장으로 일할 때 부인과 별거 아닌 별거 생활을 하게 되었다. 중달 사장이 이 사실을 알고 집을 임대해 사용하라고 임대료를 지급했다. 쉬자인은 이 돈으로 지인과 공동으로 거실 둘과 침실 둘이 딸린 집을 빌려 지인이 거실한 칸을 쓰고 나머지 공간은 처와 자식 둘, 부친, 장모, 본인 등 7명이 사용했다. 지인의 방에만 에어컨이 설치되어 있어 여름에는 그의 아들이 지인의 방문 바닥에 엎드려 틈으로 새어 나오는 바람을 쐬곤 했다.

쉬자인은 이러한 경험들을 이야기하기를 꺼렸지만, 바로 이러한 고난의 세월이 있었기에 그가 중국 최고의 부호가 된 후에도 부부는 절약하는 생활을 하기를 원했다. 그가 부호가 된 후 임대와 관련된 이야기가 하나 있다. 큰아들이 홍콩에서 근무할 때 시 중심에 월 2만 홍콩달러짜리 집을 임대했다. 홍콩의 CBD 지역의 가격치곤 저렴한 편이었다. 하지만 쉬자인의 부인이 이를 알고 너무 비싼 집을 얻었다고 아들을 호되게 꾸짖었다. 결국 아들은 계약을 해지하고 더 싼 집을 찾을 수밖에 없었다.

_ **금융 위기 극복 과정**

2008년 초 헝다는 홍콩 증권거래소에 상장을 준비하고 있었는데 그때 마침 세계 금융 위기가 불어 닥쳤다. 세계 5대 투자은행인 베어스턴스의 부도와 리먼브 러더스의 파산으로 전 세계의 경제가 휘청거렸다. 모건스탠리를 포함하여 미국의 금융업계가 어찌할 바를 모르고 있었다. 더욱 심각한 것은 당시 헝다는 전국에 906만 제곱미터, 32개 건설 현장에서 한창 건축이 진행되고 있어 큰 액수의 공사 대금을 지급해야 했고 대규모로 매수한 토지의 대금 납부도 큰 문제였다.

준비해왔던 주식 상장이 실패하자 헝다지산은 막대한 자금난에 부딪혔고 심지어 자금 회전이 곤란한 사태까지 나타났다. 정부는 부동산 개발 사업의 거시 조정 강도를 더욱 높였다. 특히 부동산 개발 업체에 대한 은행 대출 규모를 축소하고 주택 구매 대출이

자를 상향 조정했다. 사정이 이렇게 되자 중국의 부동산 시장은 더욱 얼어붙었고 기업의 융자도 더욱 어려워져서 그야말로 헝다의 처지는 설상가상의 상태였다. 쉬자인은 이 시기를 잊을 수 없는 '추운 겨울'로 표현했다.

소식이 외부에 전해지자 여론은 불안해졌고 유언비어가 나돌았다. 한 매체는 쉬자인의 야심이 너무 크고 미친 듯이 땅을 사들인데다, 국제 투자은행과 손을 잡고 도박하듯이 상장을 시도하다가 결국 천당에서 지옥으로 떨어졌다고 표현했다. 또한 토지 매입 과정에서 법률과 정책의 허점을 노렸다고 주장하기도 했다. 헝다는 이제 끝났고 전혀 별 볼 일이 없게 되었다는 말이 퍼졌다.

안 좋은 여론과 자금난으로 회사가 위험한 상황에 부닥쳤지만 쉬자인은 냉정하면서도 흔들리지 않는 리더의 모습을 보여주었다. 그는 한편으로는 공사 진도를 늦추고 지출을 최대한 줄였고 다른 한편으로는 회사 직원들에게 재차 동요하지 말 것을 강조했다. 외부의 떠도는 소문에 흔들리지 말고 각자 맡은 바 임무를 충실히 이행해 달라고 당부했다. 그리고 사업별로 환급과 우선순위를 조절하여 자금난에 따른 압박을 해소했다.

그 후 쉬자인은 3개월 동안 홍콩, 미국 등지를 급하게 오가며 홍콩의 부호와 국제 투자은행의 대표를 만나 자금 모집에 나섰다. 체중이 2~3킬로 빠졌으나 정신 상태는 좋았다. 부동산 개발 사업을 10여 년 했지만 이번처럼 강한 압박감을 느낀 적은 없었다.

백방으로 노력한 끝에 홍콩의 부호 정위통(鄭裕彤), 쿠웨이트투자국 및 기존에 헝다에 투자한 미린국제투자은행, 도이치뱅크 등 전략적 투자자들이 헝다에 5억 달러를 긴급 수혈했다. 충분한 액수는 아니었지만 10월 분양이 이루어질 때까지 견딜 수 있는 금액이었다. 헝다는 이 자금을 받고서야 겨우 위험에서 벗어날 수 있었지만 쉬자인 개인의 지분도 56.39%로 감소하였다. 회사가 위기에서 탈출하고 건강하게 발전하기 위해서는 개인의 손실을 감내해야만 했다.

2008년 10월 1일 헝다는 전국적으로 18개 사업 지구에서 '대폭 할인가로 사 놓으면 반드시 오른다'는 선전 문구를 내세워 동시 분양을 시행하였다. 큰 액수의 자금이 회수되어 설 명절 기간 직원과 인부들에게 지급해야 할 임금 문제도 해결되었다. 설 명절 기간이 지나자 부동산 경기가 서서히 살아나기 시작하여 상반기에만 120여억 위안을 분양했고 잔혹한 시기도 마침내 지나갔다.

2009년 11월 5일 드디어 헝다는 홍콩 증권거래소에 정식 상장을 하였고 당일 쉬자인은 중국 최대의 부호 자리에 올랐다.

_ **쉬샤오쥔**(许晓军)

쉬샤오쥔은 쉬자인이 특별 스카우트한 CEO이다. 그가 실제로 헝다의 업무 분위기를 알게 된 것은 그가 임용된 첫날부터였다. 헝다에 오기 전 그는 쉬자인과 같이 일한 적이 없었다. 쉬자인 주위에는 그를 따르는 10여 명의 협력자들이 있었지만 쉬자인은 쉬샤오쥔을 주목했다. 그러나 쉬샤오쥔은 바로 CEO가 될 수는 없었다. 만일 헝다의 CEO로 일하고 싶다면 먼저 이사국 부주석, 상무 부총재를 우선 해 볼 것을 권했고 실력이 입증되면 3개월 후에 총재 자리를 내주겠다고 했다. 3개월이 지나자 쉬샤오쥔의 실력이 입증되었고 그는 정식으로 CEO가 될 수 있었다.

쉬샤오쥔은 회사 출근 첫날부터 회사 문화에 익숙해져야 했다. 그날 쉬자인이 그에게 저녁 식사 중에 회의가 있다고 통보했다. 쉬샤오쥔이 저녁 식사 때 식탁에 앉아 시계를 보니 6시였다. 그는 속으로 식사를 마치고 30분 정도 더 하면 회의가 끝날 것으로 생각했다. 그러나 그날 저녁 식사는 11시 반이 지나서야 끝났다고 한다.

쉬샤오쥔은 그날 저녁 식사 회의가 11시 반까지 이어진 것은 어쩌다 있는 일이겠거니라고 생각했다. 그러나 곧 그의 생각이 틀렸다는 것을 알았다. 밤 11시 반까지 회의를 한 것은 어쩌다 있는 일이었고 헝다의 대부분 회의는 새벽 두 세시가 지나서야 끝이 났다.

당시 쉬샤오쥔의 부인은 캐나다에 거주하고 있었다. 매일 저녁 전화를 걸어 남편에게 무엇을 하고 있냐고 물어보면 대답은 한결같았다. "지금 회의 중이야." 한두 번도 아니고 늘 이렇게 대답하니 부인은 의심이 들었다. "밤 12시가 넘었는데 회의는 무슨? 혹시 바람 피우는 것 아니야?" 쉬샤오쥔이 부인에게 아무리 설명해도 부인은 믿지 않았다. 결국 캐나다에서 비행기를 타고 광주로 날아와 며칠을 묵고 나서야 남편이 정말 "회의 중"이라는 것을 알았다.

_ 헝다 기업 풍토

쉬자인을 연구한 전문가는 그의 성격이 다음과 같은 네 가지 특징이 있다고 한다. 첫째, 목적을 달성하지 않으면 절대로 포기하지 않는다. 둘째, 자기 일을 완벽하게 처리한다(완벽주의자). 셋째, 결과를 생각하고 행동한다(결과 중요시). 넷째, 결단력이 있다.

쉬자인은 낙관주의자로 아무리 어려운 일이더라도 할 수 없다고 말하지 않고 포기하지도 않는다. 하늘이 무너져도 지탱할 수 있는 저력을 갖추고 있다고 그를 평가한다.

쉬자인은 업무를 볼 때 매우 엄격하다. 한다고 했으면 반드시 해야만 한다. 직원들에게는 그들 자신에게 더욱 엄격해지라고 요구한다. 회의를 새벽까지 여는 경우도 허다하다. 잘하면 큰 보상을 받고 못하면 중징계를 당하기도 한다. 그리고 우수한 직원은 동종업계보다 연봉이 훨씬 높다.

60이 다된 부총재가 업무상 과실을 범했다. 그는 수천 명이 모인 공개 석상에서 쉬자인의 지적을 받아 눈물과 콧물을 흘리며 자기 반성을 해야 했다. 심지어 회사 내규에는 쉬자인이 전화를 했는데 3번 울릴 때까지 받지 않으면 벌금 2만 위안을 내야 한다고 적혀있다. 모 부총재는 샤워할 때 부인에게 휴대전화를 들고 대기하게 시킨다고 한다. 쉬자인은 건설 현장 시찰을 자주 하는데 현장의 자재 사용 내역과 배치 상태만 보고도 문제점을 알아낸다. 현장 책임자 중에 그에게 지적당하지 않은 사람이 없고 그가 현장으로 출발했다고 하면 건설 현장은 모두 초긴장 상태에 빠진다.

이렇듯 엄격한 관리하에 쉬자인은 매우 어려운 일 한 가지를 해냈다. 그룹의 지시 사항은 30분 이내에 모든 하부 직원들에게까지 전달된다. 만일 헝다가 오전에 자회사 하나를 설립하기로 하면 오후에 목적지에서는 새로 설립되는 회사의 관리자 회의가 열리고, 만일 헝다가 임시로 부동산 개발 사업을 추진키로 하면 두 시간 내에 사업을 추진할 수 있는 팀을 갖추어 일을 시작할 수 있다. 중국의 부동산 개발 회사 중에서 헝다의 업무 집행 능력을 앞서는 회사가 없다는 것이 업계의 일반적인 인식이다.

_ 축구와 음악

쉬자인은 헝다가 축구에 투자하는 이유는 사회적 책임을 이행하는 것이고 브랜드의 가치를 높이기 위함이라고 한다. 헝다가 축구에 투자함에 따라 많은 광고비를 절약한다고 이야기한다. '광주헝다' 하면 모르는 사람이 거의 없다. 흥미로운 것은 많은 사람이 헝다가 축구로 시작한 기업인 것으로 알고 있다. 심지어 쉬자인이 '헝다지산'의 이사국 주석인 것은 모르고 그를 광주헝다축구구락부의 구단주로만 아는 사람도 많다.

혹자는 헝다가 축구에 투자하는 것은 정부 고위층에 접근하기 위한 첩경이라고 말한다. 물론 헝다에게만 해당되는 말은 아니다. 이름을 밝히지 않은 중국의 축구 브로커가 말하기를 구단주들이 돈 쓰는 것을 아끼지 않는데 그 목적이 공에만 있는 것이 아니라고 한다. 아시아 축구 전문가 John Doerr는 기업 총수가 국가 정책 결정권자에게 접근하는 가장 빠른 길은 축구에 투자하는 것이라고 했다. 심지어 '중국에서 도시를 대표하고 업적을 보이는 데 축구보다 더한 것이 무엇이 있겠는가? 정부 부처와 교섭하는데 부동산 사업보다 더 빈번한 것이 무엇이 있겠는가?'라고 하는 브로커도 있다.

헝다 내부 인사의 말에 의하면 헝다가 현재 축구, 배구 및 문화 산업에 투자하는 것은 브랜드의 가치를 높이기 위한 것이라고 한다. 그는 또 주석은 주석만의 업무 스타일이 있고 그는 그가 하는 일을 국가의 레벨까지 끌어 올릴 수 있는 능력이 있다고 한다. 정부에서 중국 축구를 부흥시키고자 하면 헝다는 '광주헝다'를 만드는 등 큰 힘을 쏟아 축구가 잘 되게 하고, 정부가 문화 산업을 진흥 계획에 포함하면 헝다는 이 정책에 순응하여 문화 산업에 투자한다. 이것은 정부의 비위를 맞춘다기보다 앞을 내다보는 안목이 있다고 하는 것이 더 정확하다.

헝다는 현재 음악 등 문화 산업에 투자하고 있어 연예계 및 체육계를 넘나드는 중개업을 할 수 있는 자원을 지니고 있다. 자사 소속 스타들을 분양 홍보에 동원함으로써 비용을 줄이고 있고 영화관, 축구, 배구 등의 자원이 더하여 분양 홍보가 마치 영화의 리허설, 음악 콘서트, 운동 경기, 심지어는 종합 체육 예술의 형태를 보이고 있다.

_ 홍정상인

쉬자인은 헝다그룹 이사국의 주석이란 직함 이외에 중국인민정치협상회의 전국위원회 상무위원의 직책을 갖고 있다. 따라서 쉬자인을 '홍정상인(紅頂商人, 벼슬을 한 상인)'이라고 해도 틀린 말이 아니다. 일반적인 기업인들은 정치와 일정 거리를 두는 데 쉬자인은 정치와 매우 가까이 있고 조화롭게 처신하고 있다. 조금만 유심히 살펴보면 헝다의 그룹 전략이 중국 국가의 거시 경제 발전 전략과 보조를 맞추고 있다는 것을 알 수 있다.

제3절 쉬자인 약력

- 1958년 10월 하남성 주구시 태강현 고현향 취대강촌에서 태어났다.
- 1975년 태강현 제1고급중고등학교를 졸업한 후 집에서 농부로 일하며 모든 농사일을 섭렵하였다.
- 1978년 무한강철학원(현 무한과학기술대학)에 입학하였다. 주구시 전체에서 3등을 기록했다.
- 1982년 무한과학기술대학을 졸업한 후 하남무양강철공장에 배치되었다.
- 1992년 하남무양강철공장을 사직하고 '중달'이라는 무역회사에 입사하여 업무원으로 근무하였다.
- 1996년 8명을 이끌고 형다실업집단공사를 설립하였다. 자금이 부족하였지만 십여 년의 경험을 토대로 광주 금벽화원을 조성하였고 '중국 50개 저명 도시형 주택 단지'에 선정되었다.
- 1998년 6월 23일 광주시 정부가 주관한 제1차 시 중심지 토지 경매에서 지명도가 낮은 형다그룹이 농약 공장 부지를 취득한 후 금벽화원을 건설하여 5억 위안 이상의 이익을 거두었다.
- 1999년 쉬자인의 형다그룹은 설립 후 1년 반 만에 광주의 30대 부동산 회사 중에서 7위를 차지하였다.
- 2009년 홍콩 증권거래소에 상장하였다. 중국 전역 120여 개 도시에서 200여 개의 프로젝트를 진행한 건축 면적과 분양 면적이 가장 많은 부동산 개발 선두 기업이 되었다.

- 2010년 1억 위안의 가격으로 광주축구팀을 매입하여 광주헝다 축구구락부의 구단주가 되었다.
- 2011년 자선 기금 3.9억 위안을 납부하여 포브스지에 중국 자선 기금 최대 납부자로 기록되며 2012년에는 5년 연속으로 국가 민정부에서 발급하는 중화자선상을 받았다. 그는 이 상이 제정된 이래 수상 회수가 가장 많은 사람으로 기록되었다.
- 2012년 홍콩 증권거래소에 상장한 중국 내륙 기업 중 종합 실력 1위를 기록하였다. 재산 증시 능력 상위 10, 투자 가치 상위 10에 기록되었다.
- 2013년 광주헝다축구구락부가 AFC챔피온리그에서 우승하였다.
- 2016년 3월 10일 헝다지산 이사국 부주석 겸 헝다금융그룹 이사장직을 겸임하였다.
- 2017년 10월 호윤연구원이 발표한 '호윤백부방2017'에 헝다그룹이 2,900억 위안으로 2마(마화텅, 마윈)를 제치고 중국 최고 부호로 등극하였다.

리자청
李嘉诚

플라스틱 조화왕에서 아시아 최고의 부호가 된 리자청

제4장 플라스틱 조화왕에서 아시아 최고의 부호가 된 리자청

> 리자청(李嘉诚, 이가성) : 창쟝허지실업유한공사 및 창쟝실업집단 유한공사 고문이며 홍콩 개항 이래 3세대 기업가 중 최고 부호다. 산하에 창쟝기건, 전능실업 등을 보유하고 있다. 1978년에 최초로 영국 자본 회사 화기황푸(和记黄埔)를 매수한 중국인이다. 1989년에 영국 여왕으로부터 작위를 받았으며, 1992년에는 홍콩 정부로부터 홍콩사무 고문으로 초빙되었다. 1999년부터 15년 연속 포브스의 중국인 최고 부호로 선정되었다. 2012년 포브스지 부호방에 세계 9위, 아시아 1위의 부호에 선정되었다. 2019년 보유자산 278억 달러로 중국 4위, 세계 27위의 부호에 올랐다.

제1절 리자청의 성장 과정

_ 일본의 침략으로 홍콩으로 이주

리자청은 1928년 광동성 조주시의 청빈한 가정에서 태어났다. 부친 리윈징(李云经)은 교사였다. 리자청은 어려서부터 독서를 좋아해 3세에 고시조와 고문을 암송했으며 5세 되던 해에 소학교에 입학했다. 그의 사촌형에 의하면 리자청은 어렸을 때부터 책벌레였다고 한다. 책을 읽었다 하면 장시간 몰두하는 타입이라 학자가 될 것 같은 인물이었지만 부모를 따라 홍콩으로 건너가 사업을 하여 부호가 된 것을 보고 모두 놀랬다고 한다.

부친은 리자청에게 지식뿐만 아니라 사람으로 갖추어야 할 덕목을 가르쳤고, 리자청은 어려서부터 그 가르침을 가슴속 깊이 새기면서 평생 잊지 않고 간직했다. 그는 공부를 열심히 하여 장차 커서 교사가 되려고 하였으나 복잡하고 급변하는 세태 때문에 사업을 하게 되었다.

1937년 일본의 중국 침략이 본격화되어 마침내 일본군이 조주를 점령하자 부친은 일자리를 잃게 되었고 가정 형편은 날로 어려워졌다. 1940년 리자청이 13세 되던 해에 부모를 따라 홍콩으로 피난을 갔고, 그의 가족은 가정 형편이 다소 여유가 있는 외삼촌 쫭찡안(庄靜庵)의 집에서 생활하게 되었다. 부친은 리자청에게 홍콩 사람이 되기 위해서는 광주 방언과 영어를 잘해야 한다고 하셨다. 광주 방언은 외사촌 동생들을 스승 삼아 열심히 노력하여 유창하게 구사할 수 있었으나 영어가 문제였다. 리자청은 홍콩의 중학교에 입학하였다. 그곳은 대부분 영어로 수업을 진행했는데 그에게 수업 시간은 전혀 알아들을 수 없는 말이 오가는 난해하고 견디기 힘든 시간이었다. 그래서 영어에 정통하기 위해 공부하였는데 거의 주화입마의 지경까지 이를 정도로 열중했다. 등하굣길에는 영어 단어를 외웠고, 늦은 밤에는 가족들이 잠자는 것을 방해하지 않기 위해 집 밖 가로등 아래에서 영어책을 읽었으며, 아침에는 일어나자마자 전날 공부한 영어 내용을 복습했다. 1년이 넘는 각고의 노력 끝에 마침내 영어의 관문을 통과하게 되었다. 리자청은 가정 형편 때문에 학교를 중퇴한 후에도 영어 공부를 중단하지 않았으며, 자유로운 영어 구사는 훗날 사업을 하는데 적지 않은 도움이 되었다.

그러나 3년 후 부친께서 과로로 인한 폐병에 걸려 심한 고생을 하시다 세상을 떠나시는 바람에 가족에 대한 책임은 리자청이 맡게 되었다. 리자청은 학교를 중퇴하고 살아갈 궁리를 해야 했다. 부친은 임종 전에 사람이 가난하더라고 뜻을 굽히면 안되고, 기개가 있어야 하며, 실의에 빠져도 낙심하지 말고 뜻을 이루어야 하며, 또한 자신의 본 모습을 잃어서도 안된다고 말씀하셨다. 리자청은 이 내용을 마음 깊이 새겼다. 임종 전에 부친이 리자청에게 소망을 묻자 그는 "앞으로 가족들이 풍족한 생활을 누리게 하는 것이며 반드시 이루겠다"고 약속을 했다.

_ 다루(茶樓:찻집을 뜻함) 심부름꾼부터 플라스틱 제품 판매 책임자까지

  부친이 돌아가신 후 가장으로서 리자청은 가족의 생계를 위해 학업을 포기하고 일자리를 찾아 나섰다. 그러나 16살 소년이 직업을 구하기란 쉬운 일이 아니었다. 며칠간 발바닥이 부르트도록 찾아다녀 마침내 다루에서 일을 할 수 있게 되었는데 매일 15시간 이상을 일해야 했다. 다루가 문을 닫는 시간은 한밤중 인기척이 드문 때였다. 그 당시 그의 가장 큰 바람은 3일 동안 내내 잠만 자는 것이었다.

  다루에서 1년 넘게 단련을 한 후 리자청은 이 일에 숙련자가 되었다. 그는 더 복잡한 일을 하며 자신을 단련시키고 싶어 외삼촌이 운영하는 중남시계 회사에 취직했다. 그는 일하는 시간 틈틈이 선배로부터 기술을 배웠는데 총명한 데다 솜씨가 뛰어나 불과 6개월 만에 각종 모델의 시계를 조립하고 수리할 수 있게 되었다.

1945년 일본이 투항한 후 쫭찡안은 앞으로 홍콩 경제가 비약적으로 발전할 것이라 예측하여 회사의 규모를 확대하고 인사 조치를 단행해 리자청을 고승가 시계점의 점원으로 발령냈다. 리자청은 다루에서 사람들과 교류하는 법을 배웠기 때문에 중남시계 회사에 근무하면서 시계 판매 요령을 쉽게 습득하였고 판매 실적도 매우 좋았다. 그리고 쉬는 시간에는 공부하는 것을 잊지 않았다. 돈을 아끼기 위해 중고 서점에서 저렴한 중고책을 사서 공부를 다 하고 나면 다시 서점에 팔아 필요한 다른 중고 서적을 구매하였다. 필요한 지식도 습득하고 돈도 절약하는 일석이조의 방법이었다.

1946년 초 19세의 리자청은 향후 발전 가능성이 많은 중남시계 회사를 떠나 이름이 전혀 알려지지 않은 철물공장으로 이직하여 판매 사원이 되었다. 철물공장에서는 주로 아연 도금 물통 등 일용 상품을 만들었는데 가장 이상적인 고객은 철물점이었다. 이런 철물점은 모두가 가장 좋아하는 판매 대상이었으므로 자연히 경쟁이 심했다. 그러나 리자청은 오히려 이런 철물점들에 대한 판매 대신 최종 사용자에게 직접 판매하였는데 그 효과가 탁월했다. 리자청이 철물공장에 입사한 후 판매가 매우 늘어 생산을 끌어 올렸고 사업은 날로 번창하였다. 그러나 사장의 관심과 촉망을 받던 리자청은 또다시 직장을 옮겼다.

이번에 그가 선택한 곳은 플라스틱 제품 생산 회사였다. 당시 플라스틱 산업은 신흥 산업으로써 리자청의 관심을 끌었고, 또한 플라스틱회사 사장이 그를 적극적으로 영입했기 때문이었다. 당시에는 플라스틱 제품을 국외에서 대량 수입하였는데 금속제품과 비교하여 제조가 용이하고, 무게가 가벼우면서 색채가 다양하고, 보기도 좋으면서 사용이 편리하여 리자청은 이것이 기회라는 생각이 들었다.

플라스틱 회사에는 7명의 판매사원이 있었는데 리자청은 가장 젊고 경력이 짧았다. 나머지 6명은 이 분야에서 뛰어난 인물들이었으며 경험이 풍부해 고정 고객이 많았다. 리자청은 자부심이 강해 타인에게 지지 않으려 했다. 스스로 목표를 세우기를 1개월 이내에 기존 판매사원 수준에 이르고 6개월 후에 그들을 따라잡기로 하였다. 그는 매일 다양한 견본이 담긴 큰 보따리를 메고 버스나 여객선 등을 타고 이동하면서 홍콩의 골목을 누비고 다녔다. 다른 판매사원들이 하루 8시간 일할 때 그는 16시간씩 일을 했다. 자신의 부족한 부분을 부지런함으로 채우려했다. 그는 훌륭한 영업사원이 되기 위해서는 첫째는 부지런해야 하고, 둘째는 머리 회전이 빨라야 한다고 생각했다.

리자청은 직업을 먹고살기 위한 수단으로 생각하지 않았다. 그에게 직장 일이란 바로 자기 자신의 일이었다. 출장을 다녀오면 보고서 작성으로 일을 마무리지으려 하지 않았고 오히려 판매로 이어질 수 있도록 악착같이 달려들었다. 결국 1년 후에는 업무 성적이 동료 6명보다 우수하여 공장 전체에서 최고의 영업사원이 되었다. 그의 성적은 2등보다 무려 7배가 높았다. 당시 리자청은 20살임에도 사장의 눈에 들어 해당 부서의 책임자가 되었고 1년 후에는 영업

회사의 총경리가 되었다. 리자청이 고속 승진한 배경에는 사연이 있었다. 당시 그는 영업사원으로 매우 바빴지만 학업을 이수하기 위해 야간 대학에 진학할 계획이 있었고, 이를 알게 된 사장이 리자청을 회사에 묶어놓기 위해 아예 그를 총경리로 승진을 시켰던 것이다.

_ **7,000 홍콩달러로 창업을 하다.**

이러한 과정을 거치면서 리자청은 자신의 능력을 가늠하였으며, 자신이 직접 회사를 설립해 운영하면 더욱 좋은 성과를 낼 수 있다는 생각이 들었다. 1950년 23세의 리자청은 총경리 직책을 내려놓고 창업을 시도했다. 당시 그의 자금은 매우 한정적인 상태로써 2년여 동안 저축해서 모은 7,000 홍콩달러로 공장을 설립하기에는 턱없이 부족했다. 그는 외숙부와 사촌동생으로부터 4만여 홍콩달러를 빌려 자기 돈과 합하여 5만여 홍콩달러를 자본으로 황후대도 서쪽에 플라스틱 완구와 가정용품을 제조하는 공장을 설립했다. 순자의 〈권학〉편에서 작은 물줄기가 모이지 않으면 큰 강과 바다를 이룰 수 없다는 글귀를 인용하여 회사 명칭을 창쟝(長江)이라고 정했다.

_ **위기와 극복 과정**

공장 설립 초기에 리자청은 주문을 받고 제품을 만들어 출고하는 데에만 몰두한 반면에 제품의 품질에는 소홀히 하여 시간이 갈수록 제품의 질이 떨어졌다. 그 결과 납기를 못 맞추거나 반품과 변상하는 일이 빈번히 발생하여 공장의 매출이 급감했다. 더욱이 원료 공급상들의 결제 요구와 은행의 대출금 반환 촉구로 인하여 창쟝은 파산 직전까지 이르는 지경이 되었다. 결국 리자청은 자신이 일을 너무 서둘러 진행했던 것을 반성하고 잘못된 점들이 무엇인지를 되돌아보았다.

어떻게 해야 절망에 빠진 창쟝플라스틱 공장을 되살릴 수 있는지를 생각해 보니 결론은 신용과 의리였다. 고객과는 신용이 있어야 하고 직원들과는 의리가 있어야 했다. 그는 전체 직원들을 소집한 회의에서 자신의 경영상의 과실을 인정하고 모든 직원들에게 사과를 했으며, 공장이 비상 시기를 넘기면 퇴직한 직원들의 복직도 약속했다. 이어서 거래 은행들과 원료 공급상, 그리고 고객들을 일일이 찾아다니며 사죄하면서 대금상환기일을 늦추어 달라고 요청하였다. 기존에 생산된 제품을 원가 이하로 판매하여 자금을 마련한 후 플라스틱 재료와 생산 설비를 새로 갖추게 되었고, 1955년이 되어서야 비로소 많은 빚을 청산한 후 경영 상태가 호전되어 제2공장을 설립할 수 있게 되었다.

미래를 예측하고 행동으로 대비

1957년 초 리자청은 영문판 '플라스틱' 잡지를 보다가 우연히 이탈리아의 플라스틱 조화 회사에서 생산하는 조화가 전량 구미 시장으로 판매되고 있다는 기사를 보게 되었는데 이것이 리자청에게 큰 영감을 주었다. 그는 가격이 저렴하고 보기 좋은 플라스틱 조화가 거대한 시장성이 있다는 것을 직감했고 곧 홍콩에서도 유행할 것으로 예측했다. 홍콩에는 값싸고 부지런한 노동자들이 풍부하지만 시장을 확보하려면 품질이 문제였다. 리자청은 기회를 놓치지 않고 즉시 이탈리아 플라스틱 조화 공장을 방문하여 생산 기술과 관리 방법 등을 배웠다. 홍콩으로 돌아온 후 회사 명칭을 창쟝플라스틱공장에서 창쟝공업유한공사로 바꾸고 공장도 증설하면서 외국 바이어를 유치하기 위해 노력했다.

창쟝의 고객 중에 유대계 미국인인 마수라고 하는 바이어가 있었는데 많은 양의 플라스틱 제품을 주문하곤 얼마 후 계약을 취소했다. 리자청은 그에게 배상 요구를 하지 않았을 뿐만 아니라 향후 다른 거래에서 더 좋은 관계를 유지할 수 있기를 희망한다고 했다. 이 말을 들은 마수는 리자청이 큰일을 할 사람이라고 생각되어 미국의 여러 관련 업체에 창쟝의 제품을 소개해 주었다. 얼마 후 미국에서 주문이 급증하였고 리자청은 이 일로 인해 작은 손해가 오히려 큰 복을 불러온다는 이치를 깨닫게 되었다.

_ **공장 임대료 인상으로 부동산 개발 사업을 하기로 결심**

창업 후 5년이 지나자 창쟝은 세계에서 1, 2위 하는 대형 플라스틱 조화공장이 되었다. 리자청은 업계에서 '플라스틱 조화대왕'이라는 별명을 얻게 되었다. 이때 마침 공장 건물주가 리자청이 사업이 잘되는 것을 보고 임대료를 대폭 인상하였는데 이로 인해 리자청은 부동산 건설업을 하겠다는 결심을 하였다.

 1958년 북각 영황도의 부지를 매입해 12층짜리 공업용 빌딩을 건축하여 몇 개 층은 자신이 사용하고 나머지는 임대했다. 빌딩이 완공된 후 홍콩의 부동산 가격이 큰 폭으로 상승하기 시작했다. 리자청은 부동산 시장이 전망이 있다고 판단하여 보유 자금을 부동산에 투입하기 시작했다. 그리고 1963년 리자청은 외사촌 여동생 장위예밍과 결혼하여 아들 둘을 낳았다.

 1965년 2월 치솟던 부동산 가격이 다시 아래로 곤두박질치기 시작했다. 중국이 홍콩을 무력으로 합병할 수도 있다는 소문이 돌아 인심이 황황했다. 투자자와 시민들은 부동산을 투매한 뒤 홍콩을 떠났고 부동산 관련 회사들도 잇달아 파산을 했다. 1967년 영국에 반대하는 폭동이 발생하여 부동산 시장은 더욱 꽁꽁 얼어붙었다. 그러나 리자청은 홍콩 경제의 앞날이 밝을 것으로 보고 이러한 사회 현상이 오래가지 않으리라고 예측했다. 그는 토지 가격이 반등할 날이 올 것으로 판단하여 저가로 나온 부지와 건축물을 매입하였다. 관당, 자완 및 황중항 등지에 공업용 빌딩을 건축하여 모두 임대했다. 3년이 채 안 돼서 사태가 수습된 후 홍콩 사회가 정상화되고 경제가 회복되자 홍콩을 떠났던 상인들이 돌아오기 시작하면서 폭락했던 부동산 가격이 반등세로 돌아서더니 급기야 급등하기 시작했다. 리자청은 저가에 사들였던 부동산을 고가에 매도하여 높은 이익을 얻었고 그 자금으로 다시 발전 가능성이 있는 건물과 토지를 매입했다. 이번에는 매수만 할 뿐 매도를 하지 않았고 보유한 토지에는 모두 빌딩을 건축하였다. 70년대 초 그가 보유한 건물 면적이 630만 제곱피트였고 임대 면적이 35만 제곱피트로 일 년에 임대료만 4백만 홍콩달러에 달했다.

_ 뱀이 코끼리를 삼키다

1971년 6월 리자청은 부동산 관리 업무를 주로 하는 창쟝즈예유한공사를 설립했다. 회사 설립일에 그는 현존하는 홍콩 부동산 왕의 규모를 능가하겠다는 거대한 목표를 세웠다. 1972년 7월 창쟝즈예의 명칭을 창쟝스예(그룹)유한공사로 변경하고 동사장 겸 총경리직에 오른 리자청은 11월에 창쟝스예를 홍콩 증권거래소에 정식 상장하였다. 창쟝스예는 부동산 개발사업에서 출중한 실력을 보였는데 석유 파동과 경기 침체기에 많은 부동산을 저가에 사들였다가 부동산 가격 상승기에 매도하여 막대한 이득을 취하면서 거금을 확보할 수 있었다.

1970년대 홍콩에는 자금력이 막강한 영국 자본의 무역회사들인 이화, 태고, 혜품, 허지 등이 있었는데 이들은 홍콩 경제에 지대한 영향을 미치며 위세가 당당하였다. 리자청은 창쟝스예의 탄탄한 자금력을 바탕으로 홍콩의 실력 있는 상장회사를 매수하기로 하였고, 그 첫 번째 목표는 이화그룹 산하의 주요 회사인 '구룡창'이었다.

리자청은 자세히 연구하고 준비한 후 움직임을 보이지 않고 있다가 상대가 미처 생각지 못한 틈을 타서 행동하는 전술을 취하였다. 그는 구룡창의 주식을 암암리에 매수하기 시작하여 불과 수개월 만에 12.4 홍콩달러였던 주식이 56 홍콩달러로 상승하였다. 구룡창 측은 사태의 심각성을 인식하고 반대매매에 들어가 시중에서 주식을 대량 매수하기 시작했다. 그러나 자금에 한계가 있어 회풍은행에 도움을 청하였다. 회풍은행은 리자청과 다년간 협력 관계를 잘 유지하면서 지내왔기에 난처한 처지에 처하게 되었다.

  이때 마침 자금력이 막강한 중국 자본재벌 포옥강도 구룡창을 손에 넣으려 하고 있었다. 리자청은 적당한 시기에 손을 떼기로 하고 구룡창 주식 1,000만 주를 포옥강에게 매도하여 5,900만 홍콩달러의 이득을 얻었다. 리자청의 이번 행동은 일석이조의 효과로 그와 밀접한 관계에 있는 회풍은행과의 정면 충돌을 피했고 또한 포옥강이 구룡창의 지배권을 순조롭게 취득하도록 도울 수 있었다. 그러자 포옥강은 그 답례로 자신이 보유한 허지황푸의 주식을 리자청에게 양도하여 향후 그가 허지황푸를 지배하는 데 큰 도움이 되었다.

  1978년 리자청은 또다시 상대방이 미처 알아채지 못한 틈을 타 공격하는 전술을 시도하여 또 다른 영국 자본 회사인 청주영니를 매입하여 이 회사의 이사국 주석이 되었다. 그러나 리자청에게 가장 큰 승리는 영국 자본 회사인 허지황푸를 성공적으로 통제한 것이었다. 이번에 채택한 전술은 틈새를 공격하고 뒤로 돌아 포위하는 방법이었다. 그는 매우 빠른 속도로 허지황푸의 주식을 중저가에 매수하였다. 허지황푸의 이사국 주석 기덕호가 리자청의 움직임을 발견하고 영국계 대주주와 연대하여 반격에 나섰으나 이미 때가 늦었다. 리자청은 벌써 고지를 확보하고 있었다. 더욱이 회풍은행의 도움으로 허지황푸의 주식을 저가로 대량 매입할 수 있었다. 1980년까지 리자청은 40%가 넘는 허지황푸의 지분을 확보하였고 마침내 허지황푸 이사국의 주석직에 오르게 되었다.

리자청의 창장실업은 6.93억 홍콩달러의 자산으로 50억 홍콩달러의 가치가 넘는 영국 자본 회사인 허지황푸를 통제하였다. 이는 작은 뱀이 코끼리를 삼킨 기적이라고 표현되었으며 리자청은 이를 통해 홍콩 개항 이래 처음으로 홍콩인이 영국 자본을 매수한 모범 사례로 꼽히게 되었다. 이리하여 리자청은 홍콩에서 중국계 자본의 선두 자리를 차지하였고 슈퍼맨이라는 별명을 얻게 되었다. 그리고 불과 몇 년 뒤 리자청은 허지황푸를 세계에서 1, 2위를 다투는 다국적 기업으로 성장시켰다.

_ **사업 영역의 확대**

1980년대 이후 리자청의 사업 영역은 다시 확대되어 부동산 개발 외에 항공운수 서비스업, 전력 공급, 컨테이너 부두 및 소매업 등 사업 다각화와 대형화에 성공한 홍콩의 거대 재벌이 되었다. 그는 이미 1970년대부터 해외 투자를 진행하였으며 1980년대에도 지속적으로 투자 비중을 확대하여 캐나다, 미국, 영국, 싱가포르 등지에 사업 근거지를 마련하는 동시에 세계화 전략도 추진하였다. 사업 실적은 매년 증가하여 1990년이 되기도 전에 그는 이미 홍콩의 최고 부호가 되었고 현재까지도 계속 그 지위를 유지하고 있다.

1990년 이후 리자청은 영국에서 통신사업을 추진하였다. Orange 통신회사를 설립한 뒤 84억 홍콩달러를 투자하여 1996년에 영국 증권거래소에 상장시켰다. 2000년 4월 40%의 지분을 독일전신그룹에 1,130억 홍콩달러에 매각함으로써 홍콩의 역사 이래 가장 훌륭한 거래로 기록되었다. 불과 3년여 만에 1천억 홍콩달러가 넘는 돈을 벌어 그의 보유 자산은 배로 증가하였다.

1999년부터 중국 최고의 부호가 된 이후 15년간 연속으로 그 자리를 유지하였으며 2014년에는 보유자산 310억 달러로 아시아 1위, 세계 20위의 부호 자리에 올랐다. 그리고 세계 각국 정부로부터 수차례에 걸쳐 세계 걸출 기업가 명예증서를 받았고, 세계 명문 대학으로부터도 다섯 차례의 명예박사 학위를 받았다.

_ 다섯 개의 사업 영역

현재 창쟝허지실업그룹 산하에는 5개의 사업 영역이 있다.

1. 통신 사업
'유럽3그룹'은 이탈리아, 영국, 스웨덴, 덴마크, 오스트리아, 아일랜드 등의 국가에서, 허지전신홍콩홀딩스는 '3'이라는 브랜드로 홍콩, 마카오 등지에서, 허지전신아시아는 인도네시아, 베트남, 스리랑카 등의 국가에서 이동통신 사업을 진행하고 있다. 2015년도 총 매출액은 유럽3그룹이 628억 홍콩달러, 허지전신홍콩홀딩스가 220억 홍콩달러, 허지전신아시아가 69억 홍콩달러를 기록했다.

2. 판매 사업

왓슨그룹(屈臣氏集団, A.S. Watson Group)은 창쟝허지의 판매업 대표 주자로 아시아에서 가장 오랜 역사를 지니고 있다. 2015년도 총 매출액은 1,519억 홍콩달러를 기록하였다.

3. 사회기반시설 사업

영국, 호주, 뉴질랜드, 캐나다, 네덜란드, 포르투갈, 홍콩, 중국 등지의 국가에서 에너지기반시설, 교통기반시설, 상하수처리시설, 폐기물 관리, 재생 에너지, 항공기 임대 사업 등을 진행하고 있고 2015년도 총 매출액은 558억 홍콩달러에 달했다.

4. 항만 사업

허지항구그룹유한공사는 아시아, 중동, 아프리카, 유럽, 미주, 호주 등 25개 국가, 48개 항구에서 사업을 진행하고 있고 2015년도 총 매출액은 340억 홍콩달러에 달했다.

5. 에너지 사업

허지황푸는 캐나다의 대형 석유 가스 개발회사 중 하나인 '허스키 에너지 인컴퍼니(Husky Energy Inc)'의 지분 43%를 보유하고 있다. 이 회사는 현재 캐나다, 대서양, 미국, 아태지역 등지에서 사업을 진행하고 있고 2015년도 총 매출액은 400억 홍콩달러에 달했다.

제2절 리자청에 관한 일화

_ 1차 위기

창업 초기 그의 공장 기계가 바쁘게 가동되고 있을 때 한 고객이 그의 제품의 품질에 문제가 있다는 이유로 반품을 요구했다. 리자청은 제품에 문제가 있음을 인정했다. 그는 납기 등으로 마음이 급한 나머지 생산 수량에만 치중했지 품질은 그다지 신경을 안 썼던 것이다.

그는 직접 기계 옆에 서서 품질을 감독하기 시작했다. 그러나 노후한 장비와 단기간 교육을 받고 생산 현장에 배치된 직원으로는 품질을 향상시킬 수가 없었다. 설상가상으로 적지 않은 고객들이 반품과 환불뿐만 아니라 배상을 요구했다. 원료 공급상과 은행들도 연달아 빚 독촉을 하여 리자청은 속수무책이었다.

어머니가 풀이 죽어 귀가한 아들의 모습을 보고 그에게 공부차를 끓여오게 한 후 이야기를 하나 들려주었는데 그 내용은 다음과 같았다. 옛날에 조주부성의 상포산에 오래된 사찰이 하나 있었는데 방장 운적은 연로하여 입적할 날이 얼마 남지 않은 것을 알고 그의 두 제자 일적, 이적을 방장실로 불렀다. 그리고 그들에게 볍씨가 든 보따리를 한 개씩을 건네주며 일 년 농사를 지어 수확을 많이 한 자에게 의발을 전수하고 사찰의 주지를 물려 주겠다고 했다. 그 후 일적과 이적은 농사일에 열중했다. 가을에 수확기가 되자 일적은 무거운 곡식 더미를 지고 사부님께 왔지만 이적은 빈손으로 왔다. 운적이 이적에게 어찌 된 영문인지 묻자 이적은 농사를 잘못하여 싹이 하나도 자라지 않았다고 하였다. 이 말을 듣고 운적은 가사와 의발을 이적에게 전수하고 그가 주지될 것임을 선언하였다. 일적이 이에 불복하자 사부님이 말씀하셨다. "내가 너희에게 준 볍씨는 삶은 것이니라."

리자청은 모친의 말씀을 통해 정직함이 처세의 근본임을 깨달았다. 다음날 리자청은 공장으로 돌아가 전체 직원회의를 소집하여 자신의 경영상의 실책을 솔직히 인정하고 지금의 난관을 타파해 회사를 발전시킬 것임을 약속했다. 그리고 은행, 원료 공급상, 고객들을 직접 찾아가 그들에게 사과하고 용서를 구하였으며 대금 상환 일자를 연기해주면 정해진 날짜에 꼭 상환할 것임을 재차 약속했다. 리자청은 이들에게 회사가 당면한 최대의 위기 상황을 숨기지 않고 하시라도 파산할 가능성이 있음을 인정하고 만나는 사람들에게 위기 상황을 극복할 수 있는 대책을 자문받았다.

리자청의 성실함은 대다수 사람의 이해와 호응을 얻을 수 있었지만 정작 그는 마음의 여유가 없었다. 은행, 원료 공급상, 고객들이 그에게 연장해 준 대금 상환기일이 길지 않았기에 사태는 여전히 심각했다. 그는 예전의 판매사원 때처럼 쉬지 않고 거래처를 찾아다니며 판촉을 하고 은행의 대출을 받아 빚을 순차적으로 상환하였다. 창쟝플라스틱은 변화의 전기를 마련하였고 생산과 판매가 점차 호전되었다.

1955년의 어느 날 리자청은 전체 직원회의에서 세 번의 큰 인사를 올린 후 회사가 대부분의 빚을 상환하였고 은행도 회사에 다시 대출을 해주겠다고 할 정도로 정상화되었음을 선포했다. 이는 창장 플라스틱이 위기를 탈출하고 도약의 순간에 이르렀음을 의미했다. 그러자 직원들의 함성이 터져 나왔다. 회의가 끝난 후 리자청은 직원들에게 손수 금일봉을 전달하였다. 일련의 좌절과 시련의 기간을 거치며 그는 더욱 성숙해졌으며 "안정 속에서 발전을 추구하고 발전 속에서 안정을 잊지 않는다."라는 좌우명을 마음 속에 새기는 계기가 되었다.

_ 플라스틱 조화

플라스틱 공장을 운영한 지 7년째 되던 어느 날 밤, 리자청은 영문판 '플라스틱' 잡지를 읽다가 짧은 기사에 눈길이 끌렸다. 이탈리아의 한 회사에서 개발한 플라스틱 원료로 만든 조화가 전량 구미시장에 판매된다는 내용이었다. 돌파구를 찾던 리자청으로서는 밤길을 걷던 사람이 불빛을 본 듯 흥분되었다.

1957년 봄 리자청은 희망과 기대를 안고 이탈리아행 비행기에 올랐다. 이탈리아에 도착한 후 조그만 여관에 짐을 풀고 곧바로 해당 회사를 찾아갔다. 그는 자신을 홍콩 바이어라고 소개하고 이 회사의 플라스틱 조화를 홍콩에서 판매하고 싶다고 했다. 회사 직원은 리자청을 제품 진열실로 안내하여 일일이 소개해 주었고, 리자청은 온종일 조화와 관련된 여러 내용을 묻고 확인하고 나서야 각종 색상의 조화를 소량 구매하여 홍콩에서 시판해보고자 했다.

샘플도 확보했고 뇌리에는 온통 플라스틱 조화에 관한 상식으로 가득했다. 그러나 이는 단지 상식일 뿐 구체적인 생산 공정 및 색상 배합이 문제였다. 궁리 끝에 리자청은 절묘한 방법을 생각해냈다. 이 회사의 플라스틱 조화 제조공장에서는 마침 청소 직원을 모집하고 있었다. 리자청은 공장에 구직신청서를 제출했고 순조롭게 삭입실의 청소 일을 하게 되었다. 그는 폐품과 쓰레기 처리 일을 하면서 작업장의 구석구석을 다니며 전체 생산 과정을 지켜볼 수가 있었다. 리자청이 매우 부지런하여 작업실 반장은 항상 그를 칭찬했다. 공장 사람들은 그가 산업스파이라는 사실을 눈치챌 수 없었다. 퇴근 후 여관에 돌아오면 당일 공장에서 관찰한 모든 내용을 노트에 빼곡히 기록하였다.

휴일이면 리자청은 새로 알게 된 친구들을 현지 중국 음식점에 초대하여 식사를 하였는데 이 친구들은 모두 생산 공장에서의 기술자들이었다. 리자청은 이들에게 자신이 다른 공장의 기술자로 취직하기 위한 것이라고 하면서 관련 기술 내용을 세부적으로 확인하였다. 그리고 이탈리아의 조화시장을 돌아보며 잘 팔리는 아이템을 확인하고 샘플을 수집하였다.

얼마 후 리자청은 여러 박스의 플라스틱 조화 샘플과 자료를 갖고 홍콩으로 돌아왔다. 그리고 곧바로 플라스틱 조화 제조 기술자들을 영입하여 샘플을 연구하고 색상 배합, 성형 조합, 디자인 등을 고려하면서 같은 품질의 제품을 만들어 내기 위해 반복적인 시도를 하였다.

플라스틱 조화는 실제 꽃을 모방하여 만든 것으로 국가와 지역에 따라 좋아하는 꽃의 종류가 모두 다르다. 리자청은 자신이 가져온 샘플들이 이탈리아풍이 강하여 이를 다시 홍콩 현지에 맞는 디자인으로 바꾸고 세계인들이 모두 좋아하는 모델을 연구하고 제조하는 데 힘썼다.

30여 일간 밤낮으로 노력한 결과 1차 완성품이 생산되었다. 그는 조화 가격을 대중이 받아들일 수 있는 수준으로 정하였다. 그가 만든 조화는 가격이 저렴하면서도 제품이 아름답고 품질이 우수하여 안 팔릴 수가 없었다. 대부분의 대리점은 리자청이 제시한 가격으로 공급 계약을 체결하였고 어떤 대리점은 더욱 많은 물량을 확보하기 위해 50%의 계약금을 지급하기도 하였다. 그야말로 하룻밤 사이에 홍콩의 크고 작은 골목의 꽃가게마다 창쟝플라스틱에서 만든 아름다운 조화가 가득차게 되었다.

_ **첫 번째 찾아온 기회**

장기적인 발전을 위해 리자청은 회사를 합작유한공사로 만들어 상당한 규모로 성장시킨 후 홍콩의 증권거래소에 상장시키려고 했다. 그래서 1957년 말 창쟝플라스틱은 회사 명칭을 창쟝공업유한공사로 변경하였다. 리자청은 제품이 구미 시장에 진출되기를 갈망하고 있었다. 당시 구미 시장에 수출하려면 무역회사를 거쳐야 했고 중간 절차도 여러 단계가 있어서 시장 상황을 완전히 파악할 수가 없었다. 이때 외국의 도매상들이 홍콩의 무역회사를 거치지 않고 직접 생산 공장과 거래하기를 원했는데 이럴 경우에는 양측 모두에게 유리했다. 리자청은 이 소식을 접하자마자 곧바로 외국 도매상이 머무는 숙소로 달려가 샘플을 보여주고 계약을 체결하였다. 중간 단계를 생략함으로써 양측 모두 가격에서 이득을 볼 수 있었다.

리자청은 큰돈을 들여 홍콩에서 우수한 플라스틱 전문가들을 영입하여 신제품을 개발하였다. 그러나 자금에 한계가 있고 설비가 부족하여 생산 규모를 확대하는데 큰 장애가 되었다. 리자청은 이 난관을 극복하기 위하여 고심했다. 그가 이 문제로 시름할 때 예상치 못한 기회가 찾아왔다. 유럽의 도매상이 북가에 위치한 창쟝공업의 샘플을 보고 극구 칭찬하였다. 홍콩에서 확인한 다른 회사 제품보다 디자인이 다양하고 품질이 우수한데다 모양도 아름다워 이탈리아의 제품보다 낫다고 한 것이다.

그는 창쟝공업의 공장을 방문하여 생산 현장을 시찰하였는데 예상 외로 허름한 공장에서 이렇듯 아름다운 플라스틱 조화가 생산되는 것을 보고 매우 놀라와 했다. 리자청의 신용 및 제품 품질에 대한 신뢰를 믿고 그는 곧 첫 번째 구매 계약을 체결하였다. 그리고 자진하여 대금을 미리 지급하겠다고 하여 리자청이 생산 규모를 확대하는 데 필요한 자금 문제를 기본적으로 해결할 수 있었다. 리자청은 지금도 신용은 금전으로 평가할 수 없는 것으로써 생존과 발전의 밑바탕이라고 강조한다.

창쟝공업의 플라스틱 조화는 유럽 시장을 확고히 점령하였고 매출액과 이익도 급속도로 증가하게 되었다. 1958년 창쟝공업의 매출액은 1천만 홍콩달러, 이익은 1백만 홍콩달러에 달했다. 플라스틱 조화는 리자청에게 생애 첫 사업 자금의 발판을 마련해 주었으며 '플라스틱 조화대왕'이라는 별명을 안겨 주었다. 그의 나이 30세 때였다.

_ 북미 시장 개척

유럽 시장 진출 후 리자청의 다음 목표는 북미 시장이었다. 그는 능동적으로 행동하였다. 홍콩의 유관기관 및 민간상회를 통해 알아낸 북미 소재 무역회사들의 주소로 각종 제품을 소개하는 팸플릿을 우편 발송했다. 그리고 얼마 지나지 않아 반응이 나타났다. 북미 소재 대형 무역회사인 S사에서는 리자청이 발송한 팸플릿을 본 후 창쟝공업에서 제작한 조화 모형과 가격에 매우 만족하여 샘플 수집 및 공장 시찰, 가격 협상 등을 위해 구매부서 매니저를 홍콩에 파견키로 하였다.

양측이 교류하는 과정에서 S사 측은 홍콩 소재 플라스틱 조화공장 중에 규모가 큰 곳을 방문하고 싶다는 의사를 밝혔다. 미국 측의 의도는 전체 홍콩 플라스틱 조화공장을 방문한 후 그중 한 곳을 선택하여 계약을 체결하겠다는 것이었다. 이것은 생산 공장 간의 경쟁으로 신용, 품질, 규모를 비교하고 지혜와 힘을 겨루는 과정이었다. 리자청은 창쟝이 북미 S사의 독점 공급상이 되기를 원했다. 그는 품질 면에서는 전체 홍콩에서 일류였지만 자금력, 생산 규모 면에서는 이에 미치지 못했다.

시간은 1주일밖에 여유가 없었다. 리자청은 회사 간부급을 소집하여 매우 놀랍고도 흥분되는 계획을 발표했다. 반드시 1주일 이내에 플라스틱 조화의 생산 규모를 S사에서 만족할 수준으로 확대한다는 것이었다. 이것은 리자청의 일생 중 가장 성급한 모험이었다. 수년간 영위한 사업을 걸고 도박을 하기로 했다. 리자청은 사업을 늘 안정적으로 진행했지만 이번에는 달리 선택할 길이 없었다. 포기하든가 아니면 필사적으로 매달려 오더를 받든가 둘 중의 하나였다. 리자청은 전체 직원들과 함께 7일 동안 하루에 3~4시간씩 수면을 취하며 이 일에 매달렸다.

일주일 후 홍콩에 도착한 S사 구매부 매니저는 리자청의 인도하에 창쟝공업의 생산 공정과 샘플 진열실을 참관하곤 매우 만족스런 표정으로 말했다. "사장님, 제가 여기 오기 전에 귀사의 팸플릿을 자세히 보았고 귀사가 작지 않은 규모의 공장과 비교적 선진화된 설비를 보유하고 있는 것으로 알고 있었습니다. 그러나 직접 와서 보니 공장의 규모가 훨씬 더 크고 현대화되어 있으며 생산관리가 질서정연하여 구미 소재 어느 공장과 비교해도 절대로 뒤지지 않는다는 느낌을 받았습니다." 곧 계약이 체결되었고 타사 공장을 비교해 보겠다던 애초 계획도 모두 취소되었다.

이 회사는 창쟝공업의 큰 고객이 되었고 매년 수백만 달러어치의 물량을 구매하였다. 또한 이 회사를 통해 리자청은 캐나다제국상업은행의 신용을 얻어 후일 이 은행과 협력 관계를 구축하는 계기가 되었으며 리자청이 해외로 진출하는데 교량 역할을 하였다.

_ 위기를 기회로

중국 내륙의 문화대혁명 기간 중 중국이 무력으로 홍콩을 점령하려 한다는 소문이 돌아 제2차 세계대전 이후 처음으로 해외로 이민 가겠다는 홍콩 사람들이 많이 늘었다. 이민 가려는 사람들은 대부분 부자가 많았고 그들은 부동산을 싼값에 처분하려 했다. 새로 건축된 빌딩은 거래가 끊겼고 전체 부동산 시장은 팔고자 하는 사람은 많았지만 사려는 사람은 없었다. 부동산 개발업자들은 어찌할 바를 몰랐다.

몇 개의 부지와 건물을 보유한 리자청도 걱정이 되었지만 꼼꼼히 분석한 결과 소문이 신빙성이 없다고 판단되어 그는 오히려 부동산을 사들이기 시작했다.

홍콩의 부동산 위기는 1969년까지 지속되었지만 리자청의 판단은 정확했다. 중국이 홍콩을 점령하는 일은 발생하지 않았고 홍콩의 부동산 시장은 회복세를 보이기 시작했다. 1970년부터 홍콩의 경제는 상승기에 접어들었고 부동산 경기도 활황을 띠게 되었다. 이번 부동산 재난 사태에서 승자는 결국 리자청이라고 할 수 있었다. 1970년대 초 그가 보유한 건축물 연면적은 당초 12만 제곱피트에서 35만 제곱피트로 증가하였고 연간 임대료 수입은 390만 홍콩달러로 늘어났다.

제3절 리자청 약력

- 1928년 7월 29일 광동성 조주에서 태어났다.
- 1939년 6월 중학생이던 리자청은 가족과 함께 홍콩에 거주하는 외삼촌 쫭찡안(庄靜庵)의 집으로 이주하였다.
- 1943년-1948년 부친이 별세하자 생계를 위해 다루의 종업원, 시계 수리공, 철물과 플라스틱 판매원을 거쳤다.
- 1950년 소기만(筲箕湾)에 창쟝플라스틱공장을 설립하여 7년 후 '플라스틱 조화왕'이란 별칭을 얻었다.
- 1958년 리자청은 북각에 12층 공업용 빌딩를 건설하고 분양하며 정식으로 부동산 개발사업에 진출하였다.
- 1967년 좌익 폭동이 발생하고 지가가 폭락하자 리자청은 저가의 토지를 대량 매수하였다.
- 1972년 리자청의 '창쟝스예'가 상장하자 주가가 65배로 폭등하였다.
- 1978년 등소평 국가주석과 면담을 하였다.
- 1979년 리자청은 영국 자본 회사 '허지황푸'를 사들인 최초의 중국인이 되었다.
- 1984년 홍콩전등공사의 지배성 지분을 확보하였다.
- 1986년 캐나다의 Husky Petrol의 지분 절반 이상을 확보하였다. 같은 해 6월 20일 국무원 총리 짜오즈양과 면담하였다.
- 1987년 리짜오지(李兆基), 정위통(郑裕彤)과 함께 1986년 벤쿠버 세계박람회 장소의 개최권을 취득하였다.

- 1995년 12월 창쟝스예그룹 산하 3개 상장회사의 시가총액이 420억 달러에 달했다.
- 2000년 창쟝스예그룹의 시가총액이 8,120억 홍콩달러에 달했다.
- 2009년 창쟝스예그룹의 시가총액이 1조 홍콩달러를 기록했다.
- 2010년 9월 6일 아시아 최고 부호가 된 리자청은 국가주석 후진타오와 광주 심천에서 면담하였다.
- 2012년 포브스 부호 순위에 리자청은 세계 9위, 아시아 1위에 올랐다.
- 2019년 3월 〈2019호윤세계부동산부호방〉에 2,000억 위안의 부동산 보유로 2위를 기록하였다.

리자오지
李兆基

부동산 개발과 주식으로 성공한 리자오지

5장

제5장 부동산 개발과 주식으로 성공한 리자오지

> 리자오지(李兆基, 이조기) : 홍콩의 부동산개발 사업자이며 헝지자 오예의 주석, 중화가스의 주석, 신홍기지산발선유한공사의 부주석 이다. '아시아 주식의 신'이라는 호칭을 지니고 있다. 2015년 5월 헝지발전 주석 및 이사장직에서 물러나 차남 리자청에게 경영권을 이양하였다. 2019년 포브스지에 보유자산 278억 달러로 중국 부호 5위, 세계 부호 27위에 올랐다.

제1절 리자오지의 성장 과정

_ 6세 때부터 부친을 통해 장사를 배우다

리자오지가 태어날 때 그의 부친 리쩨푸는 천보영금포(天宝荣金铺)와 영생은호(永生银号)라는 두 개의 상점을 운영하면서 황금, 외환 등을 거래하고 있었다. 어릴 때는 서당에서 사서오경을 공부하였고 이때부터 옛글을 읽는 취미를 갖게 되었다. 10살이 되던 무렵 부친께서는 광주 중산대학 문학과 교수를 아들의 개인 교사로 초빙하여 아들의 사고력을 발전시키는 데 도움이 되게 하였다.

리자오지는 6세 때부터 부친의 뜻에 따라 상점에서 장사를 배우기 시작했다. 모친은 아들이 나이가 어려 나이 많은 점원들을 대하기 어려울 것이라고 우려했지만, 총명하고 기지가 뛰어나며 훌륭한

암산 능력을 지닌 리자오지는 얼마 지나지 않아 부친의 유력한 조수가 되었다.

당시 금은방 업계에서는 '금을 취급하면 금을 훔치고 은을 취급하면 은을 훔친다.'라는 말이 퍼져 있었다. 리자오지가 금은방에서 일하기 시작하면서 부친의 상점에서도 이러한 일이 벌어지고 있다는 것을 알게 되어 이 사실을 부친께 말씀드렸고, 또한 이에 따른 적절한 조치를 취할 것을 기대했다. 그러나 부친은 주금 기술자들이 부족한 상황에서 그들의 비위를 건드려 그들이 점포를 떠나면 향후 장사에 부정적인 영향을 줄 수밖에 없다는 현실 때문에 합당한 조치를 취할 수가 없었다. 이러한 진퇴양난의 상황에서 그는 자신이 주금 기술을 배워 상점이 타인의 영향을 받지 않게 하리라고 결심하였다.

12세가 되었을 때 리자오지는 이미 금을 보는 안목과 화학 실험을 통한 식별 방법, 그리고 금을 녹이는 핵심 기술과 지식을 터득하였다. 곧이어 부친이 운영하는 금은방의 책임자가 되었으며 순덕에서는 모르는 이가 없을 정도의 '황금신동'으로 이름이 알려지게 되었다. 그의 황금 감별 능력과 제련 기술을 모두가 인정해 주었다. 그는 이 과정에서 타인에게 의지할 바에야 자기 자신에게 의지하고 주인은 확고한 실력을 갖추어야 한다는 진리를 깨달았다.

항일전쟁 기간 중 일본군이 점령하던 지역에서는 일본군이 발행한 화폐가 정식으로 유통되었고 또한 국민당 정부에서 발행하는 화폐도 암암리에 거래되고 있었다. 사람들은 모두 해방이 되면 국민당의 화폐가 다시 정식으로 거래될 것이라고 생각했다. 그리고 대부분은 보관하기 좋은 신권을 선호했고 때가 묻은 지폐는 30~40% 할인된 가격으로 거래되었다. 부친의 점포에서도 지폐 거래를 취급했기 때문에 리자오지는 이점을 주목했다.

그는 의류 세탁에서 힌트를 얻어 헌 돈을 새 돈으로 바꾸는 방법을 생각해냈다. 우선 헌 돈을 물에 담근 후 표백제로 때를 씻어내고 그 위에 단백질을 입혀 말린 뒤 다리미로 빳빳하게 다렸다. 이 과정을 통해 30~40% 싸게 사들인 지폐가 액면가로 가치가 늘어났다. 적지 않은 이익을 남겼을 뿐만 아니라 덤으로 장사의 이치, 즉 물건을 언제 어디서건 잘 팔려면 포장을 잘해야 한다는 것을 깨달았다.

_ 1,000위안을 갖고 **홍콩으로 건너오다**

부친께서는 광주만에 새로운 사업을 시작하여 두 곳을 자주 오가야 하는 상황이 되었다. 아들이 책임지고 일을 처리하는 것을 보고 순덕에 소재한 점포 두 곳을 아예 아들에게 맡겨 그가 운영토록 하였다. 불과 15세의 나이에 막중한 책임을 맡은 리자오지는 기대에 어긋나지 않게 잘 운영하였다. 얼마 후 일본이 전쟁에서 패망하자 일본군이 발행한 화폐의 가치가 사라져 리자오지가 제 아무리 운영을 잘하고 관리를 철두철미하게 하였지만 상황은 매우 어려워졌다. 그러자 부친께서는 그가 다른 살길을 모색해 자기의 재능을 더욱 잘 펼칠 수 있는 곳을 찾아가기를 바랐다.

1948년 이미 4년간 주인장의 역할을 수행한 리자오지는 1,000 위안을 소지하고 홀로 홍콩으로 건너왔다. 당시 홍콩의 중환문함동가(中环文咸东街)에는 최소 20~30개가 넘는 금은방이 있었는데 주로 황금매매, 외환거래 등의 일을 하고 있었고 이 일은 성격상 순덕에서 하던 일과 별반 차이가 없었다. 리자오지는 황금 식별 능력과 화폐 태환 업무에 익숙하다는 장점을 살려 이들 점포 사이에서 간판을 걸고 외환거래와 황금거래 장사를 시작하였다. 중일전쟁과 국공내전으로 중국 내륙으로부터 많은 지주들이 홍콩으로 건너왔다. 이에 따라 외환 태환 업무와 황금매매 사업이 매우 잘되어 리자오지는 허셴 등과 협력하여 큰돈을 벌었고 향후 사업의 초석을 마련하게 되었다.

50년대 초 중국이 공산화된 이후 영국은 곧 중국의 지위를 인정하고 외교 관계를 수립하였다. 리자오지는 앞으로 홍콩이 중국이 세계로 향하는 교량이 될 것임을 인식하고 금, 은, 동, 석, 철 등의 장사와 수출입 무역을 순조롭게 진행하였다.

_ **부동산 개발 사업에 진출**

당시 홍콩의 인구가 급증하고 상공업이 발전하기 시작하면서 정부와 시장에서의 주택 건설 계획은 날로 증가하는 수요를 만족시킬 수가 없었다. 이미 예전부터 실물이 화폐보다 가치 보존에 유리하다고 인식한 리자오지는 부동산이라는 실물 사업에 진출하기로 결심하였다. 훗날 그는 당시의 생활을 떠올리며 말했다. "저는 이미

7, 8살 때 부친의 점포에서 자주 식사하며 장사에 대해 이야기를 들어왔습니다. 그 후 은장(銀庄)에서 일하며 어떠한 화폐라도 하룻밤에 휴지조각이 될 수 있다는 것을 알고 부동산을 보유하는 것이 가치를 보전하는 가장 좋은 방법이라는 것을 깨달았습니다."

1958년 리자오지, 펑징시, 궈더성 등 8인이 공동출자하여 영업(永業)이라는 회사를 설립한 후 부동산 사업을 시작하였다. 회사가 설립된 후 그들은 '층별 매각, 10년 분할 대금 납부' 방식을 시행함으로써 중산층에 큰 인기를 얻어 건설된 부동산은 순식간에 모두 매각되었다.

1963년 리자오지, 궈더성, 펑징시 등 3인은 사업을 재정비하여 신흥기기업유한공사를 설립하였다. 연장자이며 40%의 지분을 보유한 궈더성이 그룹의 주석직에 올랐고, 가장 젊으며 30%의 지분을 보유한 리자오지가 부주석 겸 총경리직을 맡았다.

_ **남다른 토지 매입 방법**

총경리로서 리자오지는 주로 건축물의 도면 설계, 토지 매입, 건축물 매각 등 세 가지 일을 책임졌다. 그는 맡은 일에 최선을 다하였고 이 기회를 빌어 자신의 능력을 키웠다. 리자오지는 눈으로 훑어보는 것만으로도 도면 설계의 문제 유무를 판단할 수 있어 명문대학 출신의 설계 관련 직원들조차 탄복해 마지않았다. 그의 토지 매입 능력 또한 대단했다. 황후대도(皇后大道)에 소재한 역경빌딩의 업주인 쩡종수가 나대지 한 필지를 매각하고자 했는데 매수할 의사가 있는 이가 나타나 구두 계약까지 이루어진 상태였다. 리자오지는 긴급히 주변을 수소문해 누가 쩡종수와 잘 아는지를 알아보았는데 결국 그 사람을 알아내지 못했고 다만 내일이면 정식 매매 계약이 체결된다는 것을 알았다. 리자오지는 자신에게 아직 하루저녁의 시간이 남아 있다고 생각했다. 그는 또다시 모든 관계를 총동원하여 마침내 쩡종수의 친한 친구를 알아냈다. 그리고 며칠 후 마침내 그 해당 필지를 손에 넣게 되었다. 그 이후의 삶 속에서도 목표를 정하여 한 번 마음 먹으면 절대로 포기하지 않았다.

토지를 취득하는 방법도 남달랐다. 헝지자오예는 정부의 토지 입찰에 참여하는 경우가 매우 적었지만 품질이 좋고 가격 또한 저렴한 토지를 취득하는 방법이 있었다. 리자오지는 주로 두 가지 방법을 사용했다. 그 첫 번째 방법은 '을종환지권익서(乙种换地权益书)'를 매입하는 방법이었다. 당시 홍콩 정부가 시 외곽지역의 농용지 개발을 목적으로 토지를 수용하였는데 우선 환지권익서를 농민에게 발급하고 정부가 건축 가능 토지를 집중적으로 개발할 때가 되어서야 환지권익서를 현금으로 교환해 주었다. 이러자 즉시 현금을 손에 넣고자 하는 농민들은 정부의 환지령이 나오기 전까지 아무런 행동을 취할 수가 없었다. 리자오지는 농민들이 소지한 환지권익서를 현금으로 매수하였다. 그러자 현금이 필요한 농민들은 이를 환영하였고 리자오지 측에서는 토지를 저렴하게 매입할 수가 있었다.

두 번째 토지 매입 방법은 재건축을 통해서였다. 황금지대에 있는 낡은 건물을 매수한 후 그 땅 위에 새 건물을 세우는 방법이었다. 이러한 방법으로 도시의 면모가 새로워지면서 개발업자는 이익을, 옛 건물주는 현금을, 정부는 세수가 증가하는 등 여러모로 좋은 개발 방법이었지만 매우 힘든 작업이기도 했다. 왜냐하면 일개 작은 건물주의 물건을 매수하는 것만으로는 큰 부동산 프로젝트의 발전 계획을 승인받을 수 없었기에 헝지자오예는 특별한 방법을 생각해냈다. 다름 아닌 건물 합병이었다. 목표로 하는 토지 위의 다수 건물주로부터 건물을 매수하여 커다란 한 덩어리의 토지를 만들어내는 방법이었다. 낡은 건축물을 취득하기 위하여 그는 사전에 꼼꼼히 계획을 세웠다. 홍콩 내에서 거주하는 건물주뿐만 아니라 해외에 거주하는 건물주까지 찾아내어 설득하고 건물을 매수해야 했으므로 이 일은 매우 힘들고 복잡했다. 단 한 명의 건물주가 건물을 매각하지 않아도 전체적으로 실패하는 사업이었다. 그러나 헝지자오예는 이 사업에 각별한 애착을 갖고 수십 년 동안 무수히 이 일을 진행하였다. 이와 관련하여 '리자오지는 촌토필쟁(寸土必爭: 아주 작은 땅이라도 반드시 쟁취한다를 뜻함)한다'는 말이 전해졌다.

_ 새로운 분양 방법의 시도

분양에서도 리자오지는 대담하고 새로운 방법을 도입하였다. 당시 홍콩의 부동산 거래는 빌딩 전체를 매각하는 방식이었고 다수 중산층은 마음만 있을 뿐 매수할 방법이 없었다. 그래서 그는 층을 나누어 분양하고 대금도 분할 납부하는 방법을 사용하였다. 이는 다수의 환영을 받았다. 단기간에 신홍기지산은 부동산업계의 강자로 두각을 나타냈고 많은 이익을 창출했다. 리자오지, 꿔더성, 펑징시 등 3인은 업계의 '삼총사'라는 호칭을 얻게 되었다. 리자오지가 생각해 낸 대금 분할 납부 방식은 그 후 동종업계에서 광범위하게 채택되어 홍콩 시민들이 주거용 집을 장만하는 데 큰 도움이 되었다.

1972년 신홍기지산의 주식이 정식으로 상장되자 10여 년간 협력한 삼총사도 마침내 헤어지게 되었다. 이 과정에서 리자오지는 5,000만 홍콩달러 상당의 토지와 건물을 받았고, 그는 이를 기초로 다시 후바오싱과 협력하여 '영태건업유한공사(永泰建業有限公司)'를 설립하였다. 후바오싱은 동사국의 주석직을, 리자오지는 부주석을 맡았다. 1973년 초 홍콩의 증시가 마침 활황장일 때 영태건업을 상장시켜 주당 1 홍콩달러 하던 주식을 1.7 홍콩달러까지 가치를 상승시켜 리자오지는 큰 이익을 거둘 수 있었다. 그 후 홍콩의 증시는 세계 경제 쇠퇴와 맞물려 붕괴하였고 부동산업도 불황에 접어들었다. 이때 리자오지는 보유한 거액의 현금으로 기회를 엿보다 저렴한 가격으로 토지와 건물을 마구 사들였다.

_ **경제 쇠퇴기에 사들인 토지와 건물**

1975년이 되자 홍콩의 주식시장은 회복되기 시작했다. 리자오지는 자신의 회사를 설립하여 헝지자오예유한공사라고 명칭을 붙였다. 자본금 1.5억 홍콩달러를 투자하였으며 사업지구는 20개가 되었다. 회사를 설립한 후 리자오지는 헝지자오예를 상장키로 했다. 그가 선택한 가장 편리한 방법은 우회상장이었다. 즉 소형 상장회사를 인수하고 손을 본 뒤에 상장하는 것이다. 리자오지는 자신이 타인과 합자하여 설립한 영태건업(永泰建业)을 주목했다. 그는 자신이 보유한 부동산과 영태건업에서 신규로 발행한 주식 1,900만 주를 교환하여 최대주주가 되었고 후바오싱을 대신하여 영태의 동사국 주석직에 올랐다. 리자오지는 영태를 인수한 뒤 합리적인 경영 방식을 영태에 도입하여 회사는 순조롭게 성장하였고 주가도 상승하여 애초 1 홍콩달러에서 1976년 초에는 4 홍콩달러까지 올랐다.

리자오지가 경영한 영태의 사업은 날로 발전하여 이익도 빠르게 증가하였다. 1979년에는 이익금이 배로 증가하였다. 리자오지는 신규 주식을 발행하여 영태의 발행 주식 수는 1억이 넘었고 시가총액도 9억 홍콩달러를 상회하였으며 사업지구도 20개 이상이었다. 홍콩의 법률에 따르면 개인은 상장회사의 발행주식 75% 이상을 보유할 수가 없게 되어 있었다. 리자오지는 영태의 주식 70%를 보유했으며 그의 목적은 영태를 통해 헝지자오예를 가능한 한 빨리 상장시키는 것이었다.

몇 년 뒤 영태의 사업지구는 100개가 넘었다. 홍콩은 한 발자국의 땅이 한 발자국의 황금이어서 토지를 계속해서 여유있게 확보하여 신축하는 것은 결코 쉬운 일이 아니었다. 리자오지는 자신만의 특유의 방식으로 토지를 비축해 나아갔다. 그가 택한 방법은 낡은 건물을 사들인 뒤 철거하고 재건축하여 분양하는 것이었다. 낡은 건물들 대부분이 시 중심에 위치하여 발전 가능성이 매우 컸다.

리자오지는 화교들을 대상으로 다년간 구미의 중문판 신문, 잡지 등에 홍콩의 낡은 건물을 매수한다는 광고를 게재했다. 이 방법은 화교들을 편리하게 했을 뿐만 아니라 리자오지는 경쟁 상대가 없는 상황에서 효율을 극대화할 수 있었다. 빌딩의 경우 우선 1개 층을 매입한 후 이어서 위아래를 사들였고 그와 같은 방법으로 주변 건물도 사들였다. 나중에는 매수 가격이 다소 비쌌지만 그래도 이 방법을 고수했다. 정부의 입찰에 참여해 매수하는 것보다 저렴했기 때문이었다.

리자오지는 공업화 방식으로 부동산 개발 사업을 추진했다. 그는 토지를 원료, 신축건물은 제품으로 보았다. 끊임없이 원료를 매입하고 계속해서 제품을 생산해 내어 헝지자오예는 홍콩 시민으로부터 '빌딩제조공장'이라는 호칭을 얻게 되었다.

_ 헝지자오예의 상장

1981년 7월 홍콩 증시가 뜨거운 열기로 가득 찬 시기에 리자오지는 헝지자오예를 성공적으로 상장시켜 순식간에 10억 홍콩달러를 손에 넣어 자신의 실력을 계속 키워 나갔다. 그러나 80년대 초가 지나자 홍콩의 반환과 관련한 홍콩 시민의 불안 심리로 주식시장은 불황기에 처했다. 그러나 이 시기를 성공적으로 견뎌낸 리자오지와 그의 헝지자오예는 오히려 한 단계 레벨업이 되었다.

1983년과 1984년은 홍콩의 불황기로 수많은 기업이 고전하고 있었다. 리자오지는 바로 직전 활황기였던 1981년 7월에 헝지자오예지산유한공사(恒基兆业地产有限公司)를 성공적으로 상장시켰기에 불황기에도 불구하고 많은 사업지구에서 건설이 진행 중이었고 20여 개 은행과도 대출 관계가 있었다. 당시에 그의 사업도 매우 어려웠지만 은행과 건설사들이 그를 신뢰했고 또한 그의 박리다매 정책에 따른 대량 분양 방식이 그가 사업에 발을 디딘 이후 최대의 시련기를 그나마 버틸 수 있게 했다. 1985년 홍콩의 향후 지위 문제가 확정된 후 홍콩 경제는 다시 회복되기 시작했다. 1988년 헝지자오예지산유한공사는 영태건업(永泰建业)을 전면 인수한 뒤 회사 명칭을 헝지자오예발전유한공사(恒基兆业发展有限公司)로 바꾸었다. 동시에 헝지발전은 영태가 이전에 매수한 홍콩소륜공사의 지분 28%와 중화가스의 지분 26.4%를 확보하였고, 또한 12억 주의 신규 주식을 발행하여 실력을 더욱 견실히 다질 수가 있었다.

이렇게 함으로써 리자오지가 세밀히 설계한 인수 합병 과정은 완성되었다. 이를 통해 그보다 규모가 크고 실력이 강한 후바오싱의 회사를 합병함으로써 타인을 이용하여 자신을 발전시키고자 한 목적을 달성하였다. 리자오지의 우회상장과 작은 기업이 큰 기업을 삼키는 전술은 오늘날까지 기업 인수 합병의 성공 사례로 홍콩의 대학 강단에서 인용되고 있다.

그리하여 리자오지는 홍콩의 10대 부호에 이름이 오르게 되었다. 홍콩 부동산 업계에서는 리자청, 꿔더성, 정위통, 리자오지를 다음과 같이 평가한다. "창쟝실업은 뛰어난 재능과 원대한 계략을 지녔고, 신훙기지산은 안정 속에서 성장하였으며, 신세계발전은 용기가 대단하고, 헝지자오예는 안목이 원대하고 대단한 기세로 적을 압도한다."라고 하였다.

_ 대형 건설 프로젝트

이미 1980년대에 헝지자오예는 광동 중국대주점과 화원주점 등 대형 프로젝트에 참여하였고, 그 후 속도를 더하여 33억 인민폐 예산의 북경헝지중심(北京恒基中心)을 대표로 하는 여러 프로젝트를 완성하였다. 1989년 이후 헝지자오예는 홍콩 및 내륙의 경제 형태를 결합하여 양쪽 지역에서 당시 세계 최대 규모의 민간 발전 프로젝트인 홍콩국제금융중심(香港国际金融中心) 등 대형 지표성 빌딩 등 다수의 상용건물 프로젝트를 진행하였다. 이와 동시에 날로 증가하는 일반 시민의 구매력과 소비 욕구에 부응하여 주택의 품질을 전면적으로 향상시켰으며, 대형 고밀도 사업지구에 회의소와 위락시설을 증축하여 고품질의 부동산 개발 시장으로 나아갔다. 새로운 시대에 맞게 시장의 흐름을 정확히 파악하고 남보다 앞서 발전해갔다.

헝지지산은 1982년부터 1993년 6월까지 중국 내륙의 20여 개 지역에 185만 제곱미터의 사업 필지를 매입하였는데 주로 북경, 상해, 광주 등지에 분포되어 있다. 매입 가격이 그룹 총자산의 10%에 달했다. 1993년 하반기에는 광주와 북경 동성구에도 대단위 필지를 매입하였다.

리자오지는 원래 내륙에서 진행되는 사업을 따로 분리하여 상장시킬 계획이었으나 뜻을 이루지 못했다. 그 이유는 내륙에서의 업무실적이 3년을 채우지 못해 규칙에 미달됐기 때문이었다. 따라서 헝지지산은 전환가능채권[후일 상장한 헝지중국(恒基中国)의 주식으로 교환이 가능]을 발행하여 4.6억 달러를 확보하였다. 헝지는 신홍기지산, 신세계발전 등과 연합하여 65억 달러를 투자해 무한 강변매성 공정, 터빈공장 개조, 중형기계공장, 무한 중산로 무한반점 재건축 등의 사업을 추진하였고, 구룡창(九龙仓)과는 상해 정안구 주택건축을, 신홍기지산과 신세계발전과는 1억 달러 이상의 기금을 조성하여 무한의 국유기업에 투자하였다.

중국이 개혁 개방을 추진한 후 리자오지는 후잉샹, 펑징시, 정위통 등과 광주 중국대주점 프로젝트에 투자하였다. 그 후 대대적인 내륙 투자를 진행하여 그 액수가 인민폐 1백억 위안을 상회했다. 1996년 1월 북경헝지중심이 준공되었는데 이 프로젝트는 투자금액 33억 위안, 건축 면적 28만 제곱미터로 장안가에 위치하여 북경을 장식하는 건축물이 되었다. 1996년 헝지는 내륙에 22개의 프로젝트, 137억 홍콩달러의 자산을 보유했다. 당시 리자오지는 내륙에서의 사업을 모두 장자 리자졔(李家杰)가 경영토록 했고 헝지를 상장시키는 데 성공했다.

_ 일본에서 주식 상장

1990년대부터 헝지자오예는 황금기에 진입했다. 1997년 리자오지는 헝지자오예를 일본 증권거래소에 상장시킴으로써 역사적인 돌파를 이룩했다. 그는 부동산 개발사업뿐만 아니라 다각적인 경영을 펼쳤다. 이미 1970년대 중반부터 중화가스, 홍콩소륜(香港小轮) 및 미려화주점그룹(美丽华酒店集團)의 대주주권을 확보하여 회사를 발전시켰다. 1996년 중화가스의 사용자 수는 120만 가구로 증가하였고, 시가총액이 1억 5천만 홍콩달러에서 19억 4천 6백만 홍콩달러로 증가하였다.

같은 시기에 리자오지는 사업 영역을 해외로 확대해 싱가포르, 캐나다 등지에 투자하여 큰 수익을 거두었다.

1996년 헝지자오예지산의 총자산은 679.45억 홍콩달러, 매출액은 111.71억 홍콩달러로 홍콩의 상장회사 중에서 선두에 속했고, 리자오지는 세계 4위, 아시아 1위의 부호로 홍콩 부동산업계에서 주요 인물로 떠올랐다.

_ 아시아 주식의 신

2004년 12월 15일 리자오지는 자오지재경기업공사(兆基财经企业公司)의 설립을 공시하고 전 세계에서 진행되는 65억 달러의 투자를 관리토록 하였다. 자오지재경기업공사가 설립된 이후 리자오지의 투자 영역에서의 실적은 눈부셨다. 그는 거액을 들여 홍콩에 상장한 내륙의 중앙기업의 주식을 대량 매입하였다. 이 중에는 중국망통(中国网通), 중국인수(中国人寿), 중국재험(中国财险), 중국전력, 중국석유, 중해집운(中海集运), 평안보험(平安保险), 교통은행, 중원공고(中远控股), 신화능원(神华能源), 건설은행 등이 포함되어 있다.

2006년 중국은행이 홍콩에서 상장될 때 리자오지는 다시 4.97억 홍콩달러를 투자하여 13.14억 주의 주식을 사들였고 후에 높은 수익률을 거두었다. 당시 78세였던 그가 부동산개발에서 해외투자로 진출하여 자오지재경기업공사의 자산을 500억 홍콩달러에서 1200억 홍콩달러로 불려 놓자 그를 '아시아 주식의 신'으로 부르기도 했다.

2015년 7월 1일 리자오지는 헝지자오예발전의 주석 겸 총경리 직에서 물러나 그 자리를 차남 리자청(李家诚)이 승계토록 함으로써 50여 년간 그가 추진하던 사업과 인생을 정리하는 시간을 갖고자 했다.

제2절 리자오지에 관한 일화

_ 신용과 명예

　사업을 발전시키는데 리자오지는 자신만 돈을 벌려고 생각하면 안 되고 타인의 이익도 고려해야 하며 신용과 명예가 가장 중요하다고 말한다. 형지자오예도 설립 초기에 불경기로 어려움을 겪었다. 당시 많은 부동산 개발업자들은 감원, 급여 삭감 또는 공사대금 지급 연체 등의 방법으로 위기를 극복하려 했다. 그러나 리자오지는 회사 재무담당 직원에게 이르기를 "현 시국은 사방에 위기가 도사리고 있는 상황입니다. 이러한 위기에서 직원들이 살아가려면 가장 중요한 것은 양식이 중요하므로 절대로 양식을 줄여 직원들의 사기를 떨어뜨리면 안 됩니다. 그러면 소탐대실이 될 수 있습니다. 그리고 도급업체에게는 정해진 날짜에 공사대금을 지급해야 합니다. 현재 상황은 업계 전반적인 것으로 우리가 걱정하는 것은 다른 사람들도 걱정하고 있고 내가 금전적으로 어려운 것은 다른 사람들도 마찬가집니다. 절대로 악성 순환이 일어나도록 해서는 안 됩니다." 이에 따라 형지자오예는 줄곧 도급업체들이 가장 환영하는 부동산개발사 중 하나가 되었으며, 리자오지가 신규 사업을 추진한다고 하면 도급업체들이 구름같이 몰려들었다.

_ 작은 부자, 큰 부자

　리자오지는 다음과 같이 말했다. "작은 부자는 근검절약으로 이루어진다는 말은 이치에 맞는 명언입니다. 최초의 종잣돈이 매우 중요한데 이것이 기초가 되어야 쉽게 성공할 수 있기 때문입니다. 사람이 가장 피해야 할 것은 하루에 번 것을 하루에 모두 다 써버리고 적자가 나는 것입니다. 여윳돈이 있어야 심적으로나 경제적으로 안정될 수 있고 실업이 되더라도 방황하지 않을 수 있습니다. 큰 부자는 하늘이 내린다는 말이 있는데 이것은 오로지 하늘의 뜻에 따르라는 것이 아니고 천시 지리에 순응하라는 것이며 강제로 얻어질 수 없다는 것입니다. 재물이 붙는 데에는 인과 관계가 있으며 연분과 복이 따라야 합니다. 되지 않을 것을 알면서도 억지로 하면 그 결과가 조만간에 실패로 나타납니다. 가난하지도 부자도 아닌 자가 가장 복이 많고 그 속에서 스스로 즐거움을 얻을 수 있습니다."

4분산의 경영 원칙

리자오지는 분산(分散), 분세(分細), 분기(分期), 분층(分层)의 '4분산의 경영 원칙'을 견지해 왔다. 분산이란 토지 매입은 한 지역에만 집중하지 않고 홍콩, 구룡, 신계 등지에 분산해야 한다는 뜻이다. 분세는 세분한다는 뜻으로 주택 단위를 설계하는데 작으면 작을수록 좋다는 것을 원칙으로 한다. 분기는 주택 대금을 분할 납부하는 것으로 그 목적은 주택 구입자의 경제적 부담을 줄이는데 그 목적이 있다. 분층은 부지를 매입하여 기본 설계를 할 때 다수 가구가 입주할 수 있는 고층주택 건설을 고려해야 한다는 것이다. 4분산을 통해 헝지자오예는 일반 주민의 환영을 받는 다수의 주택사업을 추진하였고 재정상 한계가 있는 중산층 이하의 가정들이 집을 갖는 꿈을 이루게 했다.

_ 창립 3주년 기념 출판물 내용

헝지자오예 설립 3주년 기념 출판물에 리자오지는 다음과 같이 저술하였다. "홍콩은 세계 무역의 중심이자 국제 금융의 중심이며, 또한 공상(工商)의 주요 도시고 관광 쇼핑의 성지이다. 경제적 잠재력과 충분한 인력, 저렴한 세율 및 자유로운 외환거래가 가능하여 이 모든 것들이 장점으로 작용한다. 따라서 많은 상인과 우수한 인재가 모이면서 인구 증가가 팽창하여 현재 이미 50만 명에 육박하고 있지만, 홍콩 전체 토지 면적은 단 400제곱킬로미터이고 그중 발전에 적합하고 건축 가능한 토지는 20%에도 못 미친다. 땅은 좁고 인구밀도가 높아 일촌의 토지는 일촌의 황금으로 너무 비싸 주거 문제가 생활의 부담으로 작용한다. 매년 결혼하여 주택을 마련하고자 하는 청년의 수는 수만 명에 이르러 가옥에 대한 수요는 날로 증가하면 증가했지 감소하지 않는다. 더욱이 시·구 지역의 개발 가능한 토지가 날로 감소하여 비록 당국에서는 간척사업을 진행하고 저렴한 주택공급정책을 추진하고자 하나 이것들만으로는 현존하는 문제점들을 해결하지 못하고 예상컨대 수년 내에 주택 공급 부족 현상이 심화되어 부동산 개발사업이 빛을 발하고 주택 가격은 장기적으로 상승할 것으로 본다." 그의 이러한 판단은 오늘날에 이르러서도 여전히 참고할 가치가 있다고 생각된다.

제3절 리자오지 약력

- 1929년 광동 순덕에서 태어나 금은방과 대부업을 운영하는 부친으로부터 장사를 배웠다.
- 1948년 1,000위안을 소지하고 단신으로 홍콩으로 이주하여 금은방과 외환거래 점포를 운영하였다.
- 1958년 펑징시, 궈더성 등 8인이 합자로 회사 '영업(永业)'을 설립하여 부동산개발 사업을 추진하였다
- 1975년 자신의 회사 '헝지자오예유한공사(恒基兆业有限公司)'를 설립하였다.
- 1981년 7월 헝지자오예를 성공적으로 상장시켰다.
- 1993년 2월 정위통, 허훙선 등과 캐나다 WESTCOST PEBOLEAM을 14.9억 홍콩달러에 인수하였다.
- 1993년 사업부지 20개, 건축면적 185.8만 제곱미터를 투자하여 북경, 상해 광주, 심천 등지에서 사업을 추진하였다.
- 1993년 국무원 홍콩 마카오판공실과 신화사 홍콩사무소의 고문으로 영입되고 '광주시 명예시민' 자격이 부여되었다.
- 1995년 홍콩특별행정구 준비위원으로 임명되었다.
- 1997년 보유자산 150억 달러로 포브스지 선정 아시아 최대 부호, 세계 부호 4위에 올랐다.
- 2004년 12월 15일 '조기재경기업공사(兆基财经企业公司)'를 설립하여 해외투자자산 65억 달러를 관리하였다.
- 2005년 국무원 발전연구중심 주관의 관리세계지에 '세계걸출화상(华商)지도자100인' 중 10위 안에 올랐다.

- 2015년 7월 1일 헝지발전의 주석 겸 총경리직에서 퇴임하면서 이사직만을 보유하고 회사 주석직은 차남 리자청(李家诚)에게 인계하였다.
- 2019년 보유자산 278억 달러로 중국 부호 5위, 세계 부호 27위에 올랐다.

왕젠린
王健林

직업 군인에서 부동산 재벌로 변신한 왕젠린

6장

제6장 직업 군인에서 부동산 재벌로 변신한 왕젠린

> 왕젠린(王健林, 왕건림) : 대련완다그룹 설립자이며 대련완다그룹주식유한회사 이사장이다. 세계 최대 상업용 부동산 개발상 중 한 명으로 중국에 280여 개의 완다플라자를 보유하고 있다. 중공 17대 대표이며, 제11차 전국정치협상회의 상무위원이다. 현재 중국자선연합회 부회장, 중국민간상회 부회장, 중국기업연합회 부회장, 중국기업가협회 부회장직을 맡고 있다. 2019년 보유자산 225억 달러로 중국 부호 6위, 세계 34위를 기록하였다.

제1절 왕젠린의 성장 과정

_ 산림 관리원, 군인, 공무원, 그리고 부동산 개발 사업자

왕젠린은 1954년 사천성 금야시에서 태어났다. 부친 왕의전은 장정에 참가한 紅軍(홍군:중국의 인민 해방군을 달리 부르는 말)으로서 중화인민공화국 건국 이후 고향 사천성으로 돌아와 장기간 지방에서 간부직을 맡았으나, 1958년에 사천성 임업청의 지시를 받고 대금현(현재의 금천현)에서 삼림공업국을 조직하는 일을 하게 되었다. 5세였던 왕젠린도 부모를 따라 아파주 대금현에서 생활하게 되었고, 대금현 동방옹초등학교 중학교를 졸업한 후 1969년 16세에 삼림공업국 산하의 영림처에서 근무하게 되었다.

1970년 영림처에서 1년 근무한 왕젠린은 군인이 되기로 했지만 입대 과정에 한바탕 우여곡절을 겪었다. 아파주에서는 도시 호적을 지닌 사람을 징용하지 않았다. 따라서 모친이 왕젠린을 시골 지역인 창계로 보내 그곳에서 호적을 만든 다음에야 군에 입대시킬 수 있었다. 군 입대 직전에 이름을 王建林에서 王健林으로 바꾸었다.

　1971년 초봄에 길림성 집안현 압록강가의 높은 산 속에서 군대 생활을 시작한 왕젠린은 부대 배치를 받자마자 정찰병이 되어 군 생활을 시작하였다. 입대한지 8년이 지나서 소대장이 되었고 대련육군학원에 입학하여 교육을 받았다. 교육 기간에 교재 내용의 문제점을 지적하였고 일부 내용은 왕젠린의 의견이 반영되어 교재가 수정되기도 했다. 1979년 8월 왕젠린은 대련육군학원을 졸업하였다. 학원 성적이 우수하여 육군학원에 남아 대대 참모에 임명되었으며, 그 후 학원선전처의 간사직을 맡아 학원 내 하사관의 당정연수시험 과정을 책임지고 관리하였다.

　공부의 필요성을 느낀 왕젠린은 1983년에 요녕대학 당정학습반을 거쳐 1986년에는 요녕대학 경제관리학 학사 학위를 취득하였다. 졸업 후 32세의 그는 육국학원관리처 부처장직을 맡았으나 같은 해 전역을 결심하였다. 세월이 흐른 후 그에게 왜 전역을 하게 되었느냐고 묻자 그는 웃으며 대답하기를 "당시에 전역하지 않았으면 잘해 보았자 준장이 되었을 텐데 그래 봐야 별로 재미가 없잖아요."

전역 후 왕젠린은 대련시 서강구정부 판공실 부주임에 임명되었다. 외부인의 눈에는 그가 전도유망한 정부 공무원이자 곧 차출될 능력 있는 간부로 비쳤겠지만 그의 개성은 2년 후에 다시 나타났다. 그는 안정적인 것을 원하지 않았다. 그의 인생은 도전과 웅장한 변화가 필요했다.

_ 골치 아픈 정부 산하 회사를 떠맡다

대련 서강구주택개발공사는 서강구 정부 산하의 회사로 1988년 부채가 149만 위안이나 되어 파산 직전이었다. 서강구 정부는 수습하기 어려운 이 회사를 살리기 위해 서강구 전체 공무원들에게 공고문을 발송했다. 자진하여 회사와 서강구 정부의 어려움을 분담해 보자는 내용이었다. 이 골치 아픈 회사에 관심을 갖고 서강구 정부에 연락을 하는 사람은 없었다.

결국 왕젠린이 서강구주택개발공사를 이관받았다. 우선 회사를 정돈한 후 군대 동기의 '关系'(꽌시:인맥을 뜻함)를 통해 사업을 추진할 수 있는 지표를 할당받았고, 힘겨운 과정을 거쳐 어렵사리 자금을 마련하여 아무도 하지 않으려는 텐트촌 재개발사업을 추진하였다. 왕젠린은 실내 구조, 건축 자재 등에서 창의성을 발휘하여 당시의 일반적인 주택 내부에는 없는 구조인 거실과 별도의 화장실을 만들었고, 알루미늄 창틀과 안전문도 설치하였다. 그 결과 엄청난 선풍을 일으켰다. 분양을 시작하자마자 곧바로 매진되었고 회사의 이름이 대련에서 큰 입지를 확보할 수 있게 되었다. 이 같은 구조와 자재는 90년대 주택 건설 양식에 큰 영향을 주었으며 하나의 기준이 되었다. 회사를 인도받은 첫해에 적자를 흑자로 돌려놓자 서강구 정부는 그에게 15만 위안의 장려금을 지급하였다. 그러나 왕젠린은 이 돈을 모두 직원들에게 나누어 주었다. 그리고 다음 해에는 매출액 1285.8만 위안, 이익금 291.2만 위안을 달성하였다.

1992년 회사를 대련완다방지산집단공사(大连万达房地产集团公司)로 개명한 후 주주제로 개혁하였고, 프로축구팀 대련완다축구구락부를 만들어 '꿈의 팀'이 되게 하였다. 1993년 완다는 대련시를 넘어 전국에서 처음으로 전국구 부동산 개발회사가 되었다.

_ 지방에서 시작해 전국구 개발 회사로

1998년 상품주택 분양의 시대가 막이 올랐고 부동산 전성시대도 이때부터 시작되었다. 완다는 이미 전국적 발전의 기초 위에 신속히 성도, 남경 등 전구 주요 도시의 대규모 주택개발사업을 추진하였다. 당시 고속전철도 없고 택배도 없던 시절에 완다는 교통 물류 기반시설이 부족한 각종 어려움을 극복하고 빠른 속도로 전국 개발 사업에 참여하여 몇 안 되는 전국적인 부동산 개발회사가 되었다. 사업 규모가 백억 위안을 넘었고, 수십 개의 도시에서 대형 프로젝트가 진행되어 지방 도시 브랜드에서 전국적 브랜드로 일약 이름을 알렸다.

_ 상업용 부동산 임대를 통한 장기적 이윤 창출

2005년 5월 왕젠린은 주택 개발은 주택 분양만으로 수입을 만들어 자산을 증식하기가 어렵고 회사 지명도를 유지하기도 쉽지 않다는 것을 알았다. 오히려 상업용 부동산을 개발하여 임대하면 장기적으로 이윤을 창출할 수 있다는 것을 인식하고 사업 방식을 바꾸기로 하였다. 이 새로운 방식은 주택단지 내에 상업용 부동산을 건축하여 활성화시키면 상업용 부동산과 주변의 가치가 같이 올라가서 안정적인 주택 분양뿐만 아니라 현금 회전도 용이한 방법이었다.

왕젠린은 사업 방식을 주택 건축과 상업용 부동산개발이라는 두 개의 범주로 통합하기 위해 별도의 두 회사를 설립한 후 전국에 분포되어 있는 회사들을 여기에 귀속시켰다.

_ 2세대, 3세대 완다플라자

2세대의 완다광장은 슈퍼마켓, 백화점, 영화관, 디지털광장 실내광장 등 다양한 업종을 배치하였다. 그러나 초기에 상업적 설계가 미숙하여 이 시기에 완다는 상업용 부동산 발전 과정에서 매우 중요한 사건이 발생하였다. 심양완다광장의 상점들이 경영상 적자가 발생하자 모든 입주자에게 입주 대금을 환불해주고 광장을 철거한 후 재건축을 하였다.

1세대, 2세대의 완다광장은 비록 성공적이라고 할 수는 없었지만 시행착오 속에서 여러 기업과 공동발전협약을 체결하였다. 완다광장은 선임대 후건축 방식을 진행하여 시공 전에 입주자들을 기본적으로 확보할 수 있었기에 광장 개장 시 입주 상가가 모두 들어찬 모습을 보였다.

2005년 완다는 3세대 완다플라자 '도시상업체[주상복합단지]'를 출시하였는데 일반적으로 시 중심, 도시 신개발 지역과 발전 잠재력이 있는 지역에 위치하였다. 이 종합체 내에서는 쇼핑센터, 고급호텔, 오피스텔, 아파트 상가, 주택 등의 부동산이 자체적으로 운영되었다.

규모가 방대하고 짜임새를 완벽히 갖춘 상업용 부동산 개발사업 연결고리를 갖춤으로써 완다는 시장에서 절대적인 우위를 확보하였다. 신청자들은 앞다투어 입주하려 했고 지방정부는 유리한 융자를 제공함으로써 완다는 급속한 발전과 동시에 타사와의 경쟁에서 절대 우위를 확보하였다.

_ 중자산 운영에서 경자산 운영으로

완다가 도시종합체와 완다성을 주요 상품으로하는 중자산 운영 방식으로 최고의 위치까지 오르게 됐지만 2014년부터 왕젠린은 경자산 운영 방식으로 사업 방식을 바꾸기 시작했다. 사업방식을 바꾼 이유는 부동산시장의 수요와 공급의 균형 시점이 점차 가까워짐에 따라 부동산사업 규모의 우세함이 점차 한계비용에 의해 상쇄

될 것이기 때문이었다. 따라서 완다는 자신만의 소규모 자산 운영 방식을 만들었다. 완다플라자를 조성하는데 드는 모든 자금은 타인이 출자하고 완다는 완다플라자의 브랜드와 세계 유일의 사업정보화 관리 방식인 '혜운' 시스템을 이용하여 위치 선정, 설계, 건설, 입주자 모집 및 관리를 책임졌다. 임대료 등 수익금은 완다와 투자한 측이 일정 비율로 분배했다.

2015년까지 완다는 135개 완다플라자를 개업했고 모두 중자산 운영 방식이었다. 모든 완다플라자의 건설 주기는 위치 선택, 협상, 설계, 용지 취득으로부터 개업까지 약 3년이었다. 그러나 2016년에 완다는 50개의 완다프라자들 중 20개를 경자산 운영방식으로 개발하였으며, 자금은 주로 파트너의 투자금, REITs(부동산투자신탁) 등 각종 이재 상품의 판매로 확보하였다.

영화산업, 체육산업, 호텔업 진출

또한 유동 인구가 많은 곳에 위치한 완다상업체의 하드웨어에 컨셉을 주입시켰다. 문화산업 부문에서 완다는 영화 문화와 관련된 일련의 회사를 대대적으로 매수하였는데 여기에는 영화 제작, 배급, 상영, 인터넷 등이 포함되어 있다. 위로는 Legendary Pictures、DCP 등 제작사가 영화를 제작하고, 중간에는 Mtim(时光网), Propaganda 등이 마케팅과 공급을 진행하고, 아래로는 AMC, Hoyts, Carmike, 오우덩(欧登) 등이 영화관을 운영하였다.

체육 산업과 관련해서는 직접 축구팀을 운영하지 않고 체육 산업 연결고리의 상부로 진출하여 국제적인 지명도의 경기권을 매입하여 운영하고 있다. 여행 산업과 관련해서는 대형 여행 프로젝트와 호텔 프로젝트를 추진하고 있다.

2012년 5월 21일 완다와 세계 2위 영화사 AMC는 인수합병협약을 체결하였다. 인수합병 가격은 26억 달러로 100%의 지분과 채무를 책임지는 조건을 포함하고 있다. 업계에서는 완다가 AMC를 인수한 것은 중국의 엔터테인먼트 사업이 미주 전체의 영화 배급시장에 본격 진출한 것으로써 완다는 미국 영화제조, 배급사, 상영관에 진출한 최초의 중국 기업이 되었고 세계 최대의 영화관 운영사가 되었다.

2014년 8월 25일 완다상업지산(집단)유한공사는 회사명을 완다호텔발전유한공사로 변경한다고 발표하였다. 이번 회사명칭 변경은 완다상업지산의 해외 호텔사업과 관련된 것으로 완다그룹은 이 기회를 이용하여 상장될 회사의 성격을 명확히 한 것이라고 하였다.

2014년 8월 27일 완다, 바이두, 텐센트 등 거대기업 3사는 50억 위안을 투자하여 새로운 전자 상거래 회사를 설립하기로 합의하였다. 완다가 70%, 텐센트와 바이두가 각각 15%의 지분을 소유함으로써 완다가 주도적 위치에 서게 되었다. 완다플라자, 영화관, 호텔 등 유형산업의 체인에 O2O(on line to off line)를 연결하였는데 바이두와 텐센트는 각자의 우위 서비스를 제공하고 기술적으로 협력하기로 하였다.

_ 홍콩에서 주식 상장

2014년 12월 23일 완다상업이 홍콩 증권거래소에 상장하였다. 주당 48 홍콩달러로 2012년부터 2014년까지 홍콩증권거래소에 기록된 최대 규모의 증권공개상장(IPO)이었다. 상장 당일 주가는 하락하였지만 출자자들은 많은 이득을 보았고 특히 회사 이사장인 왕젠린은 중국 최고의 부호로 등극하였다.

_ 완다의 사업 영역

2018년 현재 완다는 세계적인 부동산 개발 기업, 영화산업 기업, 체육 기업, 아동산업 기업으로 성장하였다. 전국에 280개가 넘는 완다플라자와 완다영성, 완다호텔, 완다문화레저타운 등은 중국의 유명 상표가 되었으며, 연말 기준 2,143억 위안의 매출과 6,257억 위안의 자산 가치를 보유하게 되었다.

제2절 왕젠린에 관한 일화

_ 사업 동기

왕젠린은 15살 때부터 군인 생활을 했다. 17년간 복무했고 연대장급까지 올랐다. 그러다가 중국에서 백만 군인 감축 기간 때 지방정부 공무원으로 전역하여 2년간 판공실 주임으로 일했다. 이 두 가지 일 모두 비교적 성공한 셈이었다. 연대장급으로 복무할 때는 나이가 30이 안되어 부대에서 가장 젊은 간부 중 한 명이었다. 지방공무원을 할 때는 일 처리를 잘하여 곧 판공실 주임(책임자)이 되었다. 그러나 1988년에 과감히 사직하고 사업을 하게 되었다. 이는 두 가지 이유 때문이었다. 당시에 전 중국에는 개인사업을 하는 바람이 불었다. 1988년부터 1995년까지 많은 사람이 원래의 직장을 사직하고 사업에 뛰어들었다. 만일 당시의 사업 열기가 없었다면 중국에는 이 많은 우수한 기업인들이 존재하지 않았을 것이다. 둘째는 자신의 인생을 변화시키기 위해서였다. 다른 사람이 백만장자가 될 수 있는데 자신은 되지 말라는 법이 없다고 생각했기 때문이었다.

_ 왕젠린이 들려준 첫 번째 이야기

당시 창업을 하는데 가장 큰 어려움은 돈을 빌리는 일이었고 두 번째 어려움은 일거리를 확보하는 것이었다. 당시 중국에서는 아직 계획경제를 추진하고 있어서 경제가 비교적 낙후되어 있었고 프로젝트를 따내기 위해서는 돈뿐만 아니라 '계획지표'가 있어야 했다. 당시에는 국가계획위원회의 지표 명단에 이름이 올라가야 했다.

대련에 있는 규 시절 동기를 찾아가 지표를 얻고자 했다. 비용을 조금 쓰고 수만 제곱미터의 지표를 받아냈다. 그러나 지표만 받는다고 되는 것이 아니었다. 시정부 책임자를 찾아가 토지 사용 비준을 받아야 했다. 여러 차례 찾아갔지만 그를 상대해 주지 않았다. 시정부의 책임자가 성가시다고 느꼈는지 왕젠린에게 다른 제안 하나를 제시했다. 개발사업을 하고 싶다면 시정부 북측의 땅을 비준해 주겠다는 것이었다.

시정부는 규모가 있고 멋있는 건축물이었지만 그 북측은 거주지역으로 가옥이 형편없고 시설도 낙후되었다. 수십 가구에 거주하는 주민 백여 명이 수도꼭지 하나와 화장실 한 개를 같이 사용해야 할 정도로 낙후되고 도시 미관을 해치고 있는 이 구역을 할당해 주겠다는 것이었다. 그러나 이 구역을 재개발하려면 제곱미터당 1,200위안의 조성원가가 소요되어 왕젠린 이전에도 국유기업 세 곳에서 이미 못하겠다고 밝힌 곳이었다. 왜냐하면 당시 대련시에서 가장 좋은 주택도 제곱미터당 1,100위안이 안되는 가격에 거래되었기 때문이었다.

회사의 많은 직원이 반대했지만 왕젠린은 이 프로젝트를 추진하기로 마음먹었다. 당시 회사 명칭이 '西崗开发公司'였기 때문에 개발공사는 개[시작]해야지 발[돈을 벌다]할 수 있지 않느냐고 설득했다. 돈을 벌기 위해서는 집을 제곱미터당 1,500위안에 팔아야 했기에 머리를 써서 몇 가지 창의적인 방안을 구상해냈다. 그 첫째는 당시 대련의 주택 내부에는 거실이 없었다. 대문을 열고 집 안으로 들어가 좁은 복도를 지나면 바로 방 몇 개가 나왔다. 그래서 거실을 만들기로 하였다. 둘째는 당시에 주택 내부에는 화장실이 없었고 현 정부 처장급 이상이 되어야 집에 화장실 하나 설치하는 것이 허가되었다. 왕젠린은 이것을 무시하고 집집마다 화장실을 설치하고 나무 창틀 대신 알루미늄 창틀 창문을 만들었다. 그리고 대문을 안전문으로 설치하였다.

주택 분양가는 제곱미터 당 1,580위안으로 정했지만 천여 가구가 한 달 만에 분양을 마쳤다. 완다는 이런 방식으로 중국에서 처음으로 재개발사업에 뛰어든 회사가 되었고 첫 사업에서 약 1,000만 위안을 벌었다. 이렇게 첫 번째 기회를 잡았고 이윤을 창출하는 방법을 찾아냈다. 재개발 사업은 돈벌이가 되었다. 다른 사람이 나서지 못할 때 왕젠린은 뛰어들었고 이어서 대련시 전체가 개발되기 시작했다.

_ 두 번째 이야기

대출과 관련된 이야기가 하나 있다. 왕젠린이 창업 초기에 프로젝트 하나를 맡았다. 이 공사는 당시에 정부가 절반 정도 진행하다가 힘이 들어 왕젠린에게 넘긴 것이었다. 계약서에 서명하고 나니 전국에 치리정돈(治理整頓:정부의 관리 감독하에 경제 환경을 정비하고 경제 질서를 바로잡는 행위를 뜻함)이 진행되어 대출이 더욱 어려워졌다. 이 프로젝트를 시작하려면 2,000만 위안의 대출이 필요했다. 근저당 잡힐 토지도 있고 모든 서류도 다 갖추었기에 은행 수십 곳을 찾아 신청해 보았지만 모두 허사였다.

이 프로젝트는 정부가 양도한 것이므로 정부 측에서 미안한 마음이 들었던 것 같다. 그래서 정부에서 회의를 열어 모 국유은행을 지정해 2,000만 위안의 착수금을 대출해 달라고 요청하였고 은행도 "알겠습니다." 하며 이를 승낙하였다. 일이 잘됐다 싶어 은행장만 찾아가면 되겠다고 생각하여 약 50여 차례를 찾아갔지만 만나기는커녕 은행장은 숨느라고 바빴다. 매번 술래잡기를 하는 듯했다. 겨우 만났다 싶으면 은행장은 어느새 후문으로 도망쳐 복도에서 오랫동안 서 있어야 했고, 또 복도에서 그와 마주치는 날이면 다음 주 화요일에 오면 꼭 해주겠다고 하곤 화요일이 되면 출장을 가버리곤 했다. 왕젠린은 대출을 받기 위해 복도에서 온종일 서 있을 때도 많았다. 은행이 8시 30분에 영업을 시작하므로 왕젠린은 8시부터 은행에 가서 기다렸고 오후 6시 퇴근 시간이 될 때까지 안 나가고 기다렸다. 도대체 은행장이 출근한 건지 안 한 건지 알 수가 없었다. 은행직원에게 물어보아도 말해주는 사람이 없었다. 당시 은행 복도에 서서 기다리는 느낌은 말로 표현할 수 없는 수치심과 비천함 그 자체였다.

도저히 안 되겠다 싶어 다른 은행을 찾아갔다. 은행장과 면담을 할 때는 분위기가 좋아 보였다. 그러나 정작 대출은 안 해주는 것이었다. 은행장을 만나려고 친한 친구와 함께 자동차를 타고 은행장 집 앞에까지 가서 기다린 적이 있었다. 은행장이 퇴근이 아무리 늦어도 집에는 돌아올 것이고 아침이면 출근을 해야 하니 문 앞에서 기다리면 만날 수밖에 없다고 생각했다. 그래서 친구와 둘이서 차 안에서 밤을 지새우며 기다렸다. 늦가을이어서 날씨가 꽤 쌀쌀하여 추우면 시동을 켜서 더운 바람으로 한기를 조금 없애고 기름 값을 아끼기 위해 조금 후 다시 시동을 끄곤 했다. 다음날 아침 8시까지 기다렸지만 결국 사람이 들어가는 것도 못 보았고 나오는 것도 못 보았다고 한다.

다음날 친구에게 다시 가서 기다리자고 했더니 그 친구 하는 말이 너무 창피해서 못 가겠다는 것이다. 할 수 없이 혼자 가서 또 하룻밤을 기다렸지만 결국 만날 수 없었다. 사실 못 만난 것이 아니고 은행장이 왕젠린을 피한 것이었다. 왜냐하면 완다는 민영기업이고 당시 민영기업의 지위가 오늘날 같지가 않았다. 위험성이 큰 민영기업에 대출을 꺼리는 것이었다. 국유기업에게 대출했다가 손실이 발생해도 은행이 책임을 지지 않지만, 민영기업에 대출하면 책임을 져야 했다. 왕젠린은 은행도 어쩔 수 없었을 것이라고 이해했다.

아무리 뛰어 봐도 해결할 방법이 없었는데 이때 직원 한 명이 한 가지 제안을 했다. 채권을 발행하라는 것이었다. 매년 20%의 이자로 2년 후 1.4배를 상환하는 조건이었다. 채권이 발행되자 순식간에 매진되었다. 연 20%의 이자 보장이라면 매우 좋은 조건이었다.

이 방법이 이 해당 프로젝트의 자금 문제를 일시에 해결하였고 파산의 언저리에 있던 회사를 기사회생시켰다.

_ 세 번째 이야기

1990년대에 주택과 부동산사업은 비교적 순조롭게 진행되었다. 그러던 중 한 가지 일이 왕젠린을 자극하였다. 회사의 직원 두 명이 큰 병에 걸렸다. 한 명은 암이었고 다른 한 명은 간 관련 질환이었는데 각각 백만 위안 이상의 치료비를 지출하였다. 당시 민영기업은 치료비를 정산해주지 않아 스스로 부담해야 했고 돈이 없는 사람들은 죽는 날만을 기다려야 했다. 왕젠린은 돈을 들여 그들을 치료해 주었고 이 일이 그를 일깨워 주었다. 만일 10년, 20년 후 많은 직원들이 병에 걸린다면 회사는 어떻게 해야 하는가를 고민해야 했다. 장기적으로 안전하게 현금이 유동될 수 있는 사업 방식을 찾아야 했다. 그래서 완다는 2000년부터 사업 방식을 바꾸어 단순한 주택 개발 사업만이 아닌 상업용지사업, 부동산사업, 부동산신탁관리사업 등을 진행하게 되었다.

상업용지사업을 시작할 때 잘 알지 못해 건물을 지어놓고 저층에 있는 상가를 모두 매각했다. 상가를 매수한 업주들이 초창기에 장사가 잘 안되자 왕젠린을 고발했다. 피고인으로 법원에 소환된 것만 222번이나 된다. 소송에서 진 것은 두 번뿐이었지만 회사 전체가 이 일을 처리하느라 피곤했다. 온종일 법원을 들락날락해야 했는데 회사 경영에 힘을 쏟을 여력이 어디 있었겠는가. 고객들은 상가를 매입한 후 매출이나 임대수익률이 기대에 10~20%만 미치지 못해도 회사를 고발했다. 만일 패소라도 하면 플래카드를 들고 거리로 나와 시위를 했다.

이러면 안되겠다고 싶어 고안해낸 것이 '도시종합체'였다. 상업센터를 만들어 그 옆에 오피스빌딩과 상가, 아파트를 짓고 나서 아파트와 오피스빌딩을 매각하면 현금 유동성이 생기게 된다. 그러면 상업센터의 점포들을 매각하지 않고 자체적으로 운영해도 되는 사업방식이 구성된다. 상가가 경영이 잘되면 주변 부동산 가격도 오르는데다 현금 유동성 문제도 해결이 되어 완다는 그 후부터 탄탄대로에 들어서게 되었다.

_ 창업 성공의 비결

"첫째, 용감히 부딪치고 용감히 시도해 보십시오. 무엇을 하던 꿈이 있어야 하고 목표가 있어야 합니다. 최근 몇 년간 강연할 때 자주 하는 말이 있습니다. '칭화대, 베이징대도 담대보다 못하다.' 담대함은 아무렇게나 한다는 것이 아니라 용기를 갖고 부딪치고 시도해보는 것입니다.

둘째, 창의성을 갖고 변화를 추구하는 것입니다. 성공하려면, 계속해서 성공하려면, 또는 더 큰 성공을 이룩하려면 변화를 추구하고 새로움을 추구해야지 다른 사람이 걸었던 길을 걷는다거나 다른 사람이 했던 일을 똑같이 해서는 안 됩니다. 다른 사람이 했던 일을 똑같이 하면 평균적인 이득을 얻을 수 있지만 다른 사람이 했던 것과 전혀 다른 방법을 택하면 상상을 초월하는 이득을 얻을 수 있습니다.

셋째, 끝까지 견지해야 합니다. 창업 초기에 새로운 구상이 많을 수 있습니다. 이 구상들이 처음에는 무르익지 않아 새로운 방법들이 시도될 때에는 어려움에 부딪힐 수가 있고 좌절을 겪게 되거나 예상 목표에 도달하지 못할 수도 있습니다. 중국에는 이런 속담이 있습니다. '황하에 길이 막히기 전까지는 포기하지 않고 남쪽 담에 부딪히기 전까지는 발길을 돌리지 않는다.' 그러나 저는 이렇게 주장합니다. '황하를 만나면 다리를 세워 건너고 남쪽 담에 부딪히면 사다리를 타고 넘어간다.'는 정신입니다"

_ **완다그룹 사유화 과정**

1991년 국가경제체제개혁위원회와 대련시체제개혁위원회에서 기업 세 곳을 선정하여 동북지역 주식제 시범기업을 시도하고자 했다. 일단 시범기업이 되면 회사는 정부의 편제에서 삭제되고 '철 밥통'이 '진흙 밥통'이 되는 것으로써 회사의 고위층도 정부 공무원 신분에서 일반인이 되므로 이에 응하는 회사가 없었지만 왕젠린은 과감히 이에 응했다.

1992년 8월 왕젠린이 맡은 대련서강구주택개발공사는 대련완다방지신집단공사로 바뀌었고 등록자본금 1.2억 위안에 1억 2천만 주를 발행하였다. 그중 법인 소유 주식이 9,600만 주고 개인 소유 주식이 2,400만 주였다. 이로써 왕젠린은 완다를 사유화하기 위한 기반을 마련하였다. 왕젠린은 국가기업 제도 개편의 기회를 잡았는데, 이 점이 왕젠린의 뛰어난 점이었고 가히 남다른 담력과 식견을 갖추었다고 할 수 있겠다.

회사의 발기인은 모두 6곳으로 대련완다방지산총공사(58.33%의 지분), 중국공상은행 대련신탁투자주식유한공사(12.5%), 대련발해반점집단공사(0.83%), 대련시가스공사(3.96%), 대련신묘실업총공사(3.96%), 대련전업국내공정국공전기술복무공사(0.4%)로 이루어져 있다.

주식회사가 된 후 2001년까지 10년 동안 완다는 대련에서 재개발사업을 진행했고 그중에는 대련 시개로 교구에서 역사상 가장 큰 규모의 철거 이주사업을 추진하였다. 1997년부터 사업을 전국으로 확대하였기 때문에 남경, 곤명, 장춘, 남창 등지에 가면 완다가 주택개발업체로 활동할 때 지은 건물들을 지금도 많이 찾아볼 수 있다.

2002년부터 완다는 주택 개발에서 상업용 부동산 개발로 사업방식을 확대하였고 완다상업지산의 전신인 '만봉방지산개발유한공사'를 설립하면서 왕젠린은 완다그룹을 사유화하기 위한 작업을 진행하였다. 같은 해 7월 31일 주주총회에서 대련완다방지산총공사는 보유 중인 완다그룹의 주식 3,000만 주를 북경합흥투자유한공사에 양도하였는데 양도가격은 주당 1.67위안이였다. 그 외에 대련화신신탁주식유한공사도 보유 중인 주식 600만 주를 이 회사에 양도하였고 그중 100만 주는 주당 2.2 위안에, 500만 주는 주당 2위안에 양도되었다.

공상부 자료에 따르면 북경합흥투자유한공사는 2001년 12월에 설립되었고 등록자본금은 1,000만 위안이었다. 대련일방집단유한공사 이사장 손쌍희가 현금 500만 위안을 투입하여 등록자본금의 50%를 차지하였고 동학림과 왕젠린이 각각 200만 위안과 300만 위안을 투입하여 등록자본금의 20%와 30%를 차지했다. 이 회사의 설립일부터 2007년 12월에 등록 말소가 되기까지 북경합흥투자유한공사는 실질적으로 진행한 업무가 없어 이 회사의 설립 목적이 왕젠린이 완다그룹의 국유지분을 매입하기 위한 것으로 의심을 받고 있으며 국유지분 주식의 매입가는 알려진 바가 없다.

1996년 완다그룹 재무제표를 보면 당시 회사의 순자산은 3.1억 위안이었다. 그리고 1996년 완다그룹 주력 사업의 연 매출이 1억 위안이었는데 2001년에는 총매출액이 40억 위안에 이르렀다. 따라서 주당 1.67위안에서 2.2위안의 가격으로 거래된 것은 회사 규모와 성장에 비해 정상적이지 않았다.

2002년 왕젠린은 완다그룹의 사유화 작업을 1단계 완성하고 2004년부터는 사유화 작업을 더욱 가속화하였다. 북경합흥투자유한공사에 이어 상해만상치업유한공사가 수면에 떠오르더니 그해 완다그룹의 사유화 작업에 중요한 역할을 하였다.

2004년 2월 대련가스공사, 대련화신신탁투자주식유한공사, 대련상수도그룹급수공정유한공사 등이 연이어 완다그룹 주식 475만 주, 1,000만 주, 475만 주를 상해만상치업유한공사에 양도하였다. 이와 동시에 대련완다방지산총공사는 자사주 2,050만 주를 완다그룹의 자회사인 대련완다그룹방지산기업관리유한공사에 양도함으로써 상호 보유 형태가 되었다.

1개월 후 대련완다방지산총공사는 계속해서 보유주식 900만 주를 왕젠린 개인에게 양도하였고, 대련완다그룹방지산기업관리유한공사는 보유주식 2,050만 주 중 2,000만 주를 상해만상치업유한공사에 양도하였다.

2004년 10월 대련완다방지산총공사는 보유주식 1,000만 주를 상해만상치업유한공사에 양도하면서 제1발기인의 역할에서 완전히 물러나게 되었다. 2004년에 주식 양도 과정의 주식 가격은 모두 주당 1원으로 이것은 완다그룹이 1992년 설립될 당시의 최초 가격이었다.

공상부의 자료에 따르면 국유지분을 양도받은 상해만상치업유한공사는 2002년 12월에 설립되었다가 2010년 말에 등록 말소되었다. 회사의 등록자본금은 4,000만 위안이었고 그중 왕젠린 개인이 3,600만 위안을 출자하고 또 다른 주주는 상해 오각창 완다플라자를 개발한 상해완다상업광장치업유한공사로 400만 위안을 출자하였다. 상해만상치업유한공사의 설립 목적은 왕젠린의 완다그룹 국유지분 매입을 실현하기 위했던 것으로 추측된다.

2004년 말 완다그룹의 국유지분은 이미 모두 퇴출당하였고 새로운 주주 권한의 구조가 형성되었다. 상해만삼치엽유한공사가 41.66%를, 북경합흥투자유한공사가 30%를, 왕젠린이 7.5%를, 대련완다그룹방지산관리유한공사와 대련완다방지산유한공사가 각각 0.42%, 내부 직원이 20%를 차지하였다. 직원들이 보유하고 있는 20%를 돌려받는 것이 완다그룹 사유화 과정의 마지막 장애였다. 국유지분을 양도받는 것에 비하면 이것은 직원들 다수의 구체적인 이익과 관련돼 있음으로 돌려받는 과정이 순조롭지 않았다.

당시의 '북경현대상보'에 따르면 직원의 자사주 환수 전날 완다는 역외에서 부동산신탁투자기금 형식으로 주식을 상장할 계획이었다. 이것이 자사주 환수에 합리적인 이유가 될 수 있었지만 원래 더 많은 보상을 받을 수 있었던 자사주 보유자들에게는 불만이 따랐다.

2005년 7월 Macquarie사가 차관을 얻어 완다그룹의 완다플라자 9곳을 매입함으로써 완다그룹은 성공적으로 31억 위안을 확보하였다.

대련국유자산감독관리위원회에서 2005년 8월 29일 발행한 '대련완다그룹주식유한공사 내부 직원 자사주 환수에 대한 승인'에 근거하여 완다그룹은 직원 자사주 2,400만 주를 주당 2.75위안에 환수했는데 이 가격은 완다그룹이 자산평가를 거친 순자산에 근거한 것이라고 했다.

최종적으로 완다와 Macquarie 간의 역외 주식상장계획은 실현되지 않았다. 업계에 전해진 바로는 그 이유가 완다광장의 임대료 보상 이윤이 낮기 때문이었던 것으로 전해졌고 다만 직원 자사주 환수업무는 차질 없이 진행되었다.

사유화 과정이 진행된 2년여 동안 완다그룹의 지분은 몇 차례 양도 과정을 거쳐 2008년 3월에 최종적으로 대련합흥투자유한공사가 98%를, 왕젠린이 2%를 보유하게 되었다. 공상부의 자료에 따르면 대련합흥투자유한공사는 2007년에 왕젠린이 이미 100%의 지분을 보유하고 있었고, 따라서 완다그룹의 전체 지분도 자연스레 왕젠린 1인이 보유하게 되었다.

제3절 왕젠린 약력

- 1954년 10월 24일 사천성 관원시 창계현 중현사진에서 태어나 아패주 금천현으로 이주하여 생활하였다.
- 1969년 고등학교 졸업 후 임공국 산하의 영림처 직원으로 근무했다.
- 1970년 고향 창계현으로 돌아온 후 군에 입대하며 王建林에서 王健林으로 개명하였다.
- 1983년 요녕대학 당정전수반에 진학하여 1986년에 요녕대학 경제관리 학사학위를 취득하였다. 졸업 후 육군학원 관리처 부처장에 임명되었고 같은 해 전역하여 대련시 서강구 인민정부 판공실 주임직을 수행하였다.
- 1989년 서강구주택개발공사의 총경리가 되었다.
- 1992년 대련서강구주택개발공사의 직제 개편으로 대련완다방지산집단공사가 되었다.
- 1993년 광주에서 주택단지를 건설함으로써 중국 최초의 전국구 부동산 개발회사가 되었다.
- 2000년 최초의 상업용 부동산개발 프로젝트인 장춘 중경로 완다플라자를 건설하였다.
- 2007년 완다체인백화점을 설립하여 유통업에 진출하였다.
- 2009년 1월 문화 여행 산업을 새로운 주요 발전 방향으로 정하고 200억 위안을 투입하여 백두산 국제레저단지를 조성하였다.
- 2011년 5억 위안을 투자하여 완다영시제작공사(万达影视制作公司)를 설립하여 영화산업의 연결 고리를 완성시켰다.

- 2012년 9월에 세계 2위 규모 영화사 미국 AMC를 매입하였고 12월에는 완다문화산업집단을 설립하였다.
- 2013년 12월 완다 산하의 미국 AMC사가 뉴욕 증권거래소에 정식 상장되었다.
- 2014년 12월 완다상업지산이 홍콩 증권거래소에 정식 상장되었다.
- 2014년 8월 호주에서 17억 호주달러 규모의 부동산 개발프로젝트를 추진하였다.
- 2015년 1월 레알 마드리드 축구단의 지분 20%를 매수하였다.
- 2015년 10월 26일 포브스지 중국부호방에 132억 달러 보유로 1위를 차지하였다.

허샹젠
何享健

병뚜껑 제조부터 시작한 아름다운 신화, 허샹젠

7장

제7장 병뚜껑 제조부터 시작한 아름다운 신화, 허샹젠

> 허샹젠(何享健, 하형건) : 병뚜껑을 만드는 공장부터 시작해 시가총액 3,000억 위안이 넘는 기전제품 전문회사인 메이디(美的, 미적) 그룹의 신화를 만들어 냈다. 메이디는 중국 최초로 향진기업 중 심천 증권거래소에 상장한 회사가 되었다. 2001년에는 회사 원로들의 지분을 매수해 메이디가 현대 기업으로 성장할 발판을 마련하였으며, 선진 관리 방식을 도입하고 기업의 세습제를 거부해 전문경영인 제도를 확립시켰다. '2015년 포브스중국부호방'에 184억 달러의 보유자산으로 세계 53위, 중국 7위를 기록하였다.

제1절 허샹젠의 성장 과정

_ 먹고살기 위한 창업

허샹젠은 1942년 광동성 순덕에서 태어났다. 초등학교 졸업 후 학업을 중단한 그는 농사일, 기술직 보조, 노동자, 출납 등을 거쳐 가도판공실 간부가 되었다. 계획경제 시절 가도판공실은 지역 주민의 취업 문제 해결을 책임지고 있었는데 북교진(北滘鎭)에는 기업체가 거의 없어 취업은 항상 가장 큰 문제거리였다. 허샹젠은 지역 주민을 위해 일당 0.6위안짜리 일자리라도 제공해 보려고 노력했지만 이조차도 무척 어려웠다. 시간이 흐르면서 그는 '스스로 생산하여 살길을 모색하자'는 생각을 하게 되었다.

1968년 23명의 순덕북가의 주민을 이끌고 각종 루트를 통해 5,000위안의 창업자금을 마련하여 북교가공사 플라스틱가공조(北滘街公社塑料加工組)라는 플라스틱 생산팀을 만들어 본인이 팀장을 맡아서 약품 용기용 유리병과 플라스틱 병뚜껑을 만들었다. 그의 부인도 팀원 중 한 명이었다. 이러한 생산팀은 당시 회색지대에 속했다. 집체경제[공동경제]에 속했지만 계획체제를 벗어나 있어 단속이 나오면 하시라도 문을 닫아야 하는 위험한 상황이었다. 간부의 신분인 허샹젠은 이 상황을 잘 알고 있었지만 한편으로 강소성과 절강설 일대에 그들과 유사한 다양한 형태의 생산팀들이 생겨나고 있다는 점도 알고 있었다. 국가가 이러한 생산팀들에 대해 장려도, 제한도 하지 않았기에 허샹젠은 하루 벌어 하루 먹고산다는 심정으로 창업의 첫발을 내디뎠다. 오늘의 기준으로 보면 북교생산팀은 재대로 된 작업장이 아니었다. 공장은 20여 평방미터 부지에 대나무를 깔고 그 위에 역청지를 덮어 지었으며 기계 장비도 누추하기 짝이 없었다.

_ 판로 개척을 위한 고생길

개혁 개방이 이루어지기 전이던 그 시절 허샹젠은 겪지 않은 고생이 없을 정도로 다양한 경험을 했다. 제품 판로를 개척하기 위하여 낮과 밤의 구분 없이 기차를 타고 전국 각지를 돌며 영업을 했고 졸리면 목욕탕이나 역 대합실에서 잠을 잤다. 아침밥은 홍탕(빨간 설탕을 뜻함)물 한 그릇이 전부였으며, 다니다가 배가 고프면 삼키기도 힘든 말린 곡식을 씹어 먹기도 했고 어떨 때는 아예 굶었다.

허샹젠은 시장 개척을 위해 남에서 북으로 중국 각지를 돌아 다니며 많은 곳을 둘러보면서 시장 상황을 민감하게 감지하는 능력을 키웠다. 공장으로 돌아오면 생산팀을 통해 시장에서 유통되고 있는 고무공, 유리병, 시험관, 플라스틱 뚜껑 등 다양한 제품의 생산을 시도해 보았으며 이를 통해 생산 기술과 경험을 쌓게 되었다.

금속제품 생산업체로 승격

1973년은 허샹젠의 생산팀에게 새로운 전기를 맞는 한해였다. 국가에서 민생프로젝트를 추진하여 많은 부품 생산의 구매 주문서를 전국 각지의 생산팀에게 보냈다. 허샹젠은 이 기회를 잡아 플라스틱과 유리병 제조 공정을 바탕으로 금속제품 생산 공정도 만들어 대량의 주문서를 확보하게 되었다. 2년 후 생산팀의 명칭을 순덕현 북교공사플라스틱금속제품공장(順德縣北滘公社塑料金屬制品廠)으로 바꾸고 보유자산을 10만 위안, 직원수 60여 명, 공장 부지 면적은 200여 제곱미터로 늘렸다. 그리고 내부의 반대를 무릅쓰고 큰 돈을 들여 기술자를 초빙하여 제품의 제조공정을 개선해 나갔다.

생산 수준이 한 단계 향상된 후 공장에서는 자동차 브레이크 부품 등도 만들었고 회사 명칭도 북교공사자동차부품공장(北滘公社汽車配件廠)으로 바꾸었다. 1977년 회사의 매출액은 24.4만 위안, 이익은 2.6만 위안으로 당시로서는 대단히 큰 금액이었다.

_ 선풍기 생산과 메이디의 탄생

허샹젠은 가도판공실 간부이자 공장장이며 또한 소식통 역할을 하였다. 공장은 상당한 기간 동안 각종 부품을 생산하는 형식으로 운영되었다. 지방을 돌며 영업을 하면서 시장의 수요를 파악한 후 회사에 돌아오면 다시 생산 방침을 정하였기에 공장의 생산 품목은 계속해서 바뀌었다. 그러나 1980년 국유기업인 광주제2전자기기공장에 선풍기 부품을 만들어 공급하면서 상황이 완전히 바뀌게 되었다. 허샹젠은 자체 생산 능력으로 자동차를 만드는 것은 어렵지만 선풍기를 제조하는 것은 별로 어려운 일이 아니라고 생각하고 자체적으로 선풍기를 만들어 보기로 했다. 그는 곧바로 선풍기 부품 100셋트를 구입한 후 직접 조립하여 금속팬 재질로 된 선풍기 제작을 시도했다.

그해 11월 '명주(明珠)'라는 상표가 표시된 첫 번째 40cm 규격의 금속팬 선풍기가 생산되었다. 허샹젠은 이 상표명이 마음에 안들었는지 새로운 상표명을 공모했다. 메이디(美的, 미적, 아름다운), 채홍(彩虹, 무지개), 설련(雪蓮) 등 여러 개의 명칭 중에서 최종적으로 '메이디'로 결정했다. 1981년 9월 메이디를 상표 등록한 후 그해 11월 공장명을 순덕현메이디선풍기공장(順德县美的风扇厂)으로 변경하고 자신이 공장장직을 맡았다. 1년 동안 13,167대를 생산하여 328.4만 위안의 매출과 41.8만 위안의 이윤을 냈으며 직원 수는 251명으로 늘어났다.

1984년 공장에서 플라스틱 박스팬 선풍기를 제조하여 시장에서 선풍적인 인기를 끌어 메이디 직원들은 큰 자부심을 느꼈다. 박스팬은 바람이 부드럽고 공간을 적게 차지하면서도 별도의 안전장치를 설치할 필요가 없었고 잠을 잘 때 계속 사용하기에 적합했다. 그해 6월 허샹젠은 새로운 발전을 모색하기 위해 순덕현메이디가전회사(順德县美的家用电器公司)를 설립하여 총경리직에 올랐다. 당시에는 냉장고, 전자오븐 등 일반 가전제품은 수요가 공급을 초과했기에 만들면 바로 팔려나가 생산을 걱정할 필요가 없었다. 그러나 그는 동종 업계와의 경쟁을 피하는 대신 미래의 성장 가능한 방향을 해외에서 유행하는 가전제품에 두고 해외 진출을 준비하기 시작했다.

_ 에어컨 설비 공장 설립과 자금난 해결

1985년 4월 허샹젠은 일본의 가전업체를 시찰한 후 일본의 생산기술과 관리방식을 도입하고 이와 동시에 일본 기업과 협력을 추진하기 시작했다. 메이디는 중국에서 가장 먼저 에어컨 사업을 추진한 기업 중 하나였지만 진행 과정이 순조롭지 않았다. 에어컨은 세계적으로도 유행이 시작된지 얼마 되지 않았고 중국에서도 대부분의 가정들이 선풍기를 사용하거나 일부는 부채를 부치며 여름을 나기 때문이었다.

그해 4월 8일 메이디는 에어컨 설비 공장을 설립하여 윈도우 에어컨을 조립·생산하기 시작했으나 1987년까지 판매가 부진했다.

월 생산량은 200대 정도였으며 이 시기에 회사는 여러 차례에 걸쳐 자금난으로 어려움을 겪었다. 당시 재무를 책임지고 있었던 메이디의 전 이사 펑징메이(冯静梅)는 다음과 같이 당시의 어려웠던 상황을 회고했다. "1986년경 메이디는 내부 직원들에게 120만 위안을 모금했습니다. 지금은 큰 돈이 아니지만 당시에는 일개 기업을 살릴 수 있는 큰 액수였습니다. 직원들은 개별적으로 천 위안, 만 위안씩 빌려서 마련했습니다. 이자는 연리 1%로 정했습니다. 이렇게 메이디는 처음으로 모금을 통해 자금난을 해결했고 그 후 회사가 돈을 벌어 원금에 이자까지 합하여 돌려주었습니다. 그리고 이러한 문제점을 개선하기 위하여 1992년에는 주식제 회사로 바뀌게 되었습니다."

1988년 해외 수출이 가능해진 메이디전기공사는 총 매출액이 1.24억 위안이었으며, 그중 810만 위안을 수출하여 순덕현에서 매출액 1억 위안이 넘는 10대 기업 중 하나가 되었다. 메이디는 사업 시작 초기부터 내수와 수출을 병행하여 회사 경영에 많은 이점을 가지게 되었다.

_ **향진기업이 주식회사로**

1990년 국가는 중점적으로 민영기업을 관리하기 시작하였다. 개혁 개방이 사회주의로 향한 것인지 자본주의로 향한 것인지에 대한 논쟁이 일어났으며 많은 유명 기업들이 여론의 무게에 못이겨 기업의 주도권을 정부에 이양하였다. 그리고 2년 후 덩샤오핑은 남순강화에서 "발전만이 진리이고 개혁 개방은 더욱 대담하고 더욱 빨라야 한다."고 강조하였다. 이에 따라 순덕에서는 기업의 재산권 제도 개혁에 대한 시도가 우선적으로 진행되었고 이에 허샹젠은 시험대에 오를 것을 자청하였다.

기업의 규모로 보면 당시 메이디는 순덕 소재 5대기업 중 가장 작아 개혁 시험의 우선 대상이 아니었다. 허샹젠 본인도 주식제에 대해 잘 알지 못했다. 다만 기업이 규모를 갖추어 제도와 규범에 의존해야 발전해 나아갈 수 있고, 향진기업은 속성상 구조가 복잡하고 책임이 불분명하여 이미 많은 병폐가 나타나고 있으므로 주식제를 도입하는 것은 메이디가 한 단계 상승하는 매우 좋은 기회가 될 것이라고 생각했다. 다른 기업들이 변화를 두려워하여 서로 미루려 할 때 허샹젠은 적극적으로 시험 대상이 되고자 했고 결국 1차 시범 대상 기업이 되었다. 1993년 메이디는 심천 증권거래소에 정식 상장하여 12억 위안의 자금을 조달하였으며 또한 중국 최초로 주식을 상장한 향진기업으로 기록되었다.

상장 초기 메이디의 발전이 순조롭지만은 않았다. 1994년까지 메이디 에어컨의 판매량은 동종 업계에서 3위를 차지하였는데, 1996년부터 경쟁이 치열해져 7위로 하락했고 연간 총생산액도 25억 위안에서 20억 위안으로 감소하였다. 당시 1위는 춘란(春兰), 2위는 화바오(华宝), 3위는 거리(格力)가 차지했다.

_ 1997년 위기와 사업부제 도입

1997년은 허샹젠에게는 평생 잊을 수 없는, 그리고 메이디의 역사상 최대의 위기를 맞은 한해이기도 했다. 당시 메이디의 생산 총액이 29억 위안으로 30억 위안을 접근하고 있었는데 허샹젠은 앞이 꽉 막히는 느낌을 받았다. 당시 메이디의 생산품은 에어콘, 선풍기, 전기밥솥 등 그 종류가 수백 가지가 넘었다. 전체 생산 계획이 회사 최고위층의 지시하에 움직였다. 최고위층이라고 했지만 사실은 허샹젠 혼자서 생산과 판매를 모두 관리했다.

그리고 이때 순덕 구정부의 의도로 커롱(科龙)이 메이디를 합병시킬 것이라는 소문이 퍼졌다. 허샹젠은 이것이 잘못된 소문이라고 해명했다. 사실은 당시 구정부가 순덕의 가전제품 회사를 통합할 의향이 있어 메이디, 커롱, 화바오 3개 업체를 합병하여 허샹젠에게 총경리직을 맡기려 하였다. 허샹젠은 합병을 절대 반대했다. "메이디는 메이디 자신의 길을 걸어 갈 것입니다. 장애가 있다면 우리 스스로가 돌파할 것이고 바꾸어 나갈 것입니다." 그는 심사숙고한 뒤 일본 파나소닉이 실천한 사업부제를 도입하기로 결정했다. 허샹젠은 권력을 아래로 이양하여 각 사업부에서 생산·제조 및 판매를 책임지고 회사를 주주, 이사회, 경영전문단 등 삼권 분립의 경영 방식으로 운영되도록 했다.

1997년부터 허샹젠은 기본적으로 메이디의 일상 경영 활동에서 뒤로 한발 물러섰다. 허샹젠이 생각하기에 인센티브제, 분권제, 책임제의 메커니즘이 구성되면 자연적으로 우수한 인재가 와서 도울 것이라고 판단했다. 메이디전기(美的电器)의 이사회 부주석 겸 총재 팡훙보(方洪波)가 이때 두각을 나타냈다. 메이디그룹의 관리 방식이 더욱 현대화되어 자사주제와 전문경영인제를 장려하여 타사의 개혁에 모델이 되기도 했다. 허샹젠의 시의적절한 개혁은 메이디가 명실상부한 가전왕국이 되는데 밑바탕이 되었다. 개혁은 그 빛을 발휘해 1998년도의 매출은 100% 상승한 50억 위안이 되었고, 1999년에는 80억 위안에 달했다.

1998년 메이디는 도시바만가락제냉설비유한공사의 채무와 지분 조절 과정에 참여하여 광동성 미지제냉설비유한공사(美芝制冷设备有限公司)를 설립하였다. 메이디와 도시바 쌍방의 장점을 결합하고 거액의 자금을 추가 투입하여 생산의 병목 현상 문제를 해결하였으며, 연구·개발팀을 재정비하여 국제 시장의 수요에 부응하는 제품을 생산하기 시작하였다. 1999년 미지공사는 적자에서 흑자로 돌아섰고 정상적인 발전 궤도에 진입하였다.

_ **어려운 개혁 과정**

하지만 개혁의 과정이 순조로웠던 것은 아니다. 지방정부의 영향력에서 벗어나야 할 뿐만 아니라 회사 내부의 권력과 이익의 구조를 타파해야 했기 때문이었다. 당시 고위층의 90%가 개혁을 반대했지만 허샹젠은 끝까지 밀고 나갔다. 새로운 관리 체제는 인재 선발에 대한 요구가 높았다. 이때부터 메이디는 매년 대학교에서 신

입사원 모집 활동을 벌였으며, 회사 내 석박사의 비중을 높여 나가는 동시에 회사 창립 원로들의 퇴진을 권고했다.

2001년 초에는 반복적인 협상을 통해 정부를 대표하는 최대주주인 순덕시북교투자발전유한회사(順德市北窖投资发展有限公司)의 지분을 회사 관리층이 사들이도록 하여 관리층이 메이디의 진정한 주인이 되도록 했다.

_ 신중한 기업 인수 합병

회사의 내부 문제를 해결한 메이디는 전면적인 발전의 궤도에 들어서게 되었다. 국내적으로는 에어컨, 전자레인지, 정수기, 전기밥솥, 식기세척기 등에서 일련의 신제품을 출시하여 인기를 끌었고, 국제적으로는 미국, 일본, 유럽, 한국, 러시아 등의 국가에 지사를 설립하여 좋은 실적을 거두었다. 또한 중국 기업들이 해외 기업을 상대로 M&A를 진행할 때 메이디는 오히려 중국 내의 룽스다(荣事达), 화링(华凌), 샤오톈어(小天鹅) 등 일부 가전 기업들을 인수하면서 관련 제품들이 새롭게 재탄생할 수 있게 하였다. 그 후 중국 기업들의 해외 M&A는 실패하는 경우가 많은 반면, 메이디는 국내의 실력있는 회사들만을 골라서 인수하여 이때부터 허샹젠은 언론의 주목을 받기 시작하였다.

_ 권력을 팡훙보에게 이양

허샹젠은 메이디그룹을 지속 발전 가능한 메커니즘으로 구성하여 100년 이상 존재하는 기업으로 만들기 위해 세계 500대 기업을 연구한 바 있다. 그 결과 많은 기업들이 사라지는 이유가 족벌 경영 및 승계와 무관하지 않다는 결론을 내렸다. 비록 족벌 경영 기업의 장단점이 모두 있지만 메이디에게는 장점보다는 단점이 더 많다고 판단하여 일찌감치 메이디를 족벌 기업으로 만들지 않을 것이라고 선포하였다. 그리고 이 약속을 지키기 위해 2012년 8월 25일에 메이디그룹의 이사장직을 사임하고 곧이어 그룹 이사회에서 탈퇴하였다. 현재 메이디의 정책 결정권자 중에 허샹젠의 친인척은 단 한 명도 없으며 그도 단지 메이디의 대주주일 뿐이다.

2014년 2월 허샹젠은 허샹젠자선기금회를 만든 후 4억 위안을 기부하고 자선을 인생 후반부의 목표로 삼고 살아가고 있다. 자선사업에 전념하고 있는 그는 그룹 관리에서 완전히 손을 뗀 상태이며, 간혹 메이디 본사를 들르기도 하지만 그룹의 경영에 대해 일체 간섭하지 않는다.

현임 그룹 이사장 팡훙보(方洪波)는 허샹젠의 인재 제도 하에서 선발된 매우 우수한 인력 중 한 명이다. 그는 원래 그룹 간행물의 편집부 직원이었지만 국민의 관심을 받는 광고를 제작해 허샹젠의 주목을 받게 되었다. 그 후 그룹 내에서 가장 비중있는 에어컨사업부의 총경리와 메이디전기의 총재를 거쳐 현재 그룹의 이사장직을 맡아 메이디 그룹을 세계를 선도하는 과학 기술 기업으로 재창조하기 위하여 노력하고 있다.

제2절 허샹젠에 관한 일화

_ 사업부제 시행

1996년 에어컨 판매량은 업계 3위에서 7위로 떨어졌고 매출액도 25억 위안에서 20억 위안으로 감소했다. 또한 주변에서는 순덕 정부가 가전제품 업계를 재정비하기 위해 커롱(科龙)이 메이디를 인수하도록 한다는 소문이 퍼져 있었다.

당시 허샹젠은 지칠대로 지쳐있었다. 회사 직원은 위아래 합쳐 만 명이 넘었는데 모든 부서에서 모든 업무를 그에게만 보고했다. 그는 서류를 끊임없이 결재했지만 검토되지 않은 서류들이 항상 수북히 쌓여있었다. 하루 4시간만 자고도 업무를 적시에 처리할 수가 없었다. 각 부서의 책임자들은 모두 지시를 기다렸지만 위에서는 검토할 시간이 없고, 따라서 각 부서도 책임지고 일을 할 수가 없었다.

허샹젠은 바뀌어야 한다고 생각했지만 이 또한 쉬운 일이 아니었다. 왜냐하면 그의 위에 또 상관인 지방정부가 있었기 때문이었다. 한때 급여 인상을 통해 직원들의 사기를 북돋기 위한 계획안을 지방정부에 보고하였더니 "보안대장의 봉급이 공안분국의 국장 급여보다 높아서야 되겠습니까?"라는 것이었다.

하지만 그는 모든 압력을 이겨내고 관리 시스템에 대한 개혁을 단행했다. 그는 일본 파나소닉을 견학하여 사업부제를 시행하기로 결정했다. 1997년 본사 아래에 5개의 독립 사업부문을 두고 각 사업부의 사장이 해당 사업부의 경영 전반에 대해 책임을 지는 사업부제를 시행했다. 허샹젠은 단지 이 사장들을 관리하기만 하면 되는 것이었다. 본사는 사업부의 실적을 평가하고 실적 미달인 경우 책임자급을 전원 사직시켰다. 허샹젠은 이를 철저히 시행했다. 한 번은 사업부 사장이 천만 위안 이상의 투자 계획에 대한 의견을 묻자 그가 한 말은 "사장이 알아서 하시오."라고 말할 뿐이었다.

_ 미래를 내다보는 안목

덩샤오핑의 남순강화 후 개혁 개방을 가속화하던 1992년 봄 순덕은 솔선수범하여 종합 개혁을 단행하였고 그 내용은 기업의 재산권제도의 개혁이었다. 규모가 큰 기업이 정부의 정책적 지지를 받는 상황에서 메이디보다 규모가 크고 브랜드가 유명한 기업들은 사양을 하거나 관망하는 추세였다. 그러나 허샹젠은 오히려 적극적이었고 자진하여 정부의 책임자에게 메이디를 시범회사 명단에 올려줄 것을 요청했으며, 결국 순덕에서 유일하게 주주제 시범회사 명단에 올랐다. 그해 메이디의 매출은 이미 7억 위안을 넘었지만 허샹젠은 주주제 전환에 대해 깊게 이해하지 못했고 주식도 잘 몰랐다. 그러나 기업이 발전하고 규범화되려면 주주제로의 전환과 같은 미래 방향을 대표하는 수단이 필요하다고 예리하게 인식했다. 그는 자랑삼아 말한다. "저는 문제를 앞서서 내다봅니다. 어떤 일이던 보다 멀리 내다보아야 합니다."

중국 최초로 주주제 전환에서 성공한 향진기업으로, 그 다음해에는 중국 최초로 상장하는 향진기업이 되었다. 1993년 11월 12일 메이디는 심천 증권거래소에 상장하였다. 시가가 18위안이었고 마감가가 19.85위안이었다. 그해 주당 수익이 1.38위안으로 심천 증권거래소에서 1위를 차지하였다. 20년 후 메이디그룹 전체가 상장을 하였고, 허샹젠의 '미래 방향의 수단을 대표'하는 통찰력 있는 사고의 연속이라고 할 수 있다.

심천 증권거래소에 상장할 당시 매스컴은 카메라와 펜끝을 광동성 남쪽 작은 마을의 대기만성한 그에게로 향했는데 비판이 격려를 앞섰다. 어떤 평론가는 메이디의 상장을 삼륜차가 고속도록를 달리는 것과 같다고 표현했다. 그러나 그 후에 메이디가 보여준 모습을 볼 것 같으면 이 풍자적인 비판이 선의의 주의 환기가 되었다.

_ 1997년 위기와 극복

짐 코린스가 말했듯이 전쟁에서 생존한 사람은 어떠한 탁상공론보다 회사를 발전된 방향으로 이끌 수가 있다는 것을 허샹젠은 보여 줬다. 1997년은 허샹젠에게 평생 잊을 수 없는, 메이디의 역사에서도 가장 큰 위기의 해였다. 당시 지방정부는 순덕 지역의 가전업체를 통일시키기 위해서 커롱과 메이디가 합병하기를 원했으며, 메이디의 실적은 1996년도 25억 위안을 돌파한 후 바로 20억 위안으로 하락했다. 허샹젠은 메이디가 합병되는 것을 결사코 반대하며 다음과 같이 말했다. "우리 메이디는 자신의 길을 걸어가야 합니다. 우리 자신이 돌파하고 스스로 변해야 합니다." 그는 잔혹한 현실을 마주하면서도 메이디의 역경이 나쁜 일만은 아니며 오히려 좋은 일이 될 수도 있다고 생각했다. 이 위기를 통해 사업부서를 개편하고 분권 경영을 실시하였다. 일부 창업 원로들을 귀고 사직케 하였으며 전문 경영인 관리체제로 바꾸어 경영 위기를 극복하였다. 또한 기업이 주주, 이사회, 경영인 등 삼권분립 경영 방식으로 나아가도록 하였다. 그리고 1997년부터 허샹젠은 일상적인 경영 및 관리 활동에서 손을 놓았다. 그는 인센티브 체제, 분권 체제, 책임관리 체제를 수립해 놓으면 자연히 우수한 인재가 와서 대신해 관리를 도울 것이라고 말한다.

_ 반성하는 자세

2004년 메이디그룹은 가전제품 사업에 국한되는 것을 원치 않고 그룹 차원에서 비교적 생소한 대형 중앙집중식 냉난방시설, 전력, 고속도로, 보일러, 버스 등 30억 위안에 이르는 10여 개 프로젝트의 추진을 계획하고 있었다. 그러나 그해 말 거시경제 긴축정책 시행이 임박해 오자 허샹젠은 위험이 목전에 있음을 직감하고 문어발식 확장을 멈추고 발빠르게 그룹 차원의 정리정돈 작업에 착수하여 이 시기를 비교적 무난히 넘길 수 있었다.

허샹젠은 이 시기를 회상하며 다음과 같이 말했다. "사업을 다각도로 추진하고자 했던 것은 당시 회사의 경영 상태가 매우 좋았고, 시장의 분위기도 기업합병과 사업다각화가 많이 이루어지고 있었기 때문입니다. 사실 기업이나 개인은 좋은 환경에 있을 경우 일을 쉽게 함부로 하고 자신이 해야할 일을 잊는 경향이 있어 여러 실패를 겪습니다. 사실 저도 그럴 뻔했지만 곧 반성하였고 당시 회사의 관리 능력, 자원 현황, 인재로는 그러한 사업 확장을 지탱할 수 없다는 것을 알고 곧 성장의 속도를 조절하였습니다."

_ **막후 관리**

권력을 내려놓은 후부터 허샹젠은 매년 대부분의 시간을 해외 시찰과 국내 시장 조사에 힘을 쏟고 있다. 그룹 본사에서도 일용가전그룹과 제냉그룹에서 매달 진행하는 경영 업무회의 시간 외에는 늘 혼자 차를 몰고 각 사업부 간을 오가며 관리층을 만나 대화를 나누곤 한다. CEO는 비즈니스 클래스에 앉아서 샴페인을 마시는 것이 아니라 팔을 걷어 붙이고 문제점을 찾아내는 것이라고 그는 강조한다. 허샹젠은 매월, 그리고 분기별로 사업보고를 받으면서 부서별 실적 현황을 체크하고, 경영실적이 저조하거나 성장형 업무에 대해서는 중점적인 업무지시와 관심을 갖는다. 허샹젠은 습관이 하나 있는데 회의를 열 때 고위급 관리자가 아니라 중간 관리자들도 회의에 참석하게 하여 각각 의견을 물어보고 상대의 의견이 맞을 때는 자신의 잘못을 인정하고 상대가 틀렸을 때는 잘못을 지적하기도 한다.

제3절 허샹젠 약력

- 1942년 광동성 순덕에서 태어났다.
- 1968년 북교공사프라스틱생산조(北滘公社塑料生产组)를 조직하여 병뚜껑을 만들기 시작하였다.
- 1980년 선풍기를 만들며 가전사업을 시작하였다.
- 1985년 에어컨 생산에 착수하였다.
- 1992년 메이디그룹(美的集团)을 설립하여 주식회사로 변경하였다.
- 1993년 메이디그룹이 심천 증권거래소에 상장되었다. 중국 최초로 상장된 향진기업이다.
- 1997년 사업부제로 변경하고 제2의 창업을 선언하였다.
- 1999년 그룹 내 전체 직원이 자사주를 보유하는 제도를 시행토록 하는 재산권 분배제 개혁을 단행하여 직원과 기업이 공동운명체가 되도록 하였다.
- 2001년 메이디사의 에어컨, 압축기, 선풍기, 전자오븐 등 9개 제품의 판매량이 전국 1위에서 3위를 기록하였고, 중국 가전업체 종합 순위에서도 2위를 기록하였다.
- 2007년 매출액 750억 위안을 달성하였고 브랜드가치도 378.29억 위안으로 전국 브랜드가치 순위에서 7위에 올랐다.
- 2009년 매출액 950억 위안을 달성하였고 그중 수출액은 34억 위안을 기록하였다.
- 2009년 8월 26일 허샹젠은 메이디전기 이사국 주석과 이사직을 사임하고 이 자리를 이사국 부주석 겸 총재인 팡홍보(方洪波)에게 이양하였다.
- 2010년 매출액 1,000억 위안을 달성하였고 제2의 메이디를 만들어 2020년까지 매출액 2000억 위안 달성을 목표로 설정하였다.

- 2012년 8월 25일 허샹젠은 메이디그룹의 이사장직을 사임하였고 메이디전기의 이사장 팡홍보가 메이디그룹 이사장직에 임명되었다. 그 후 메이디그룹 대주주의 권리만을 행사하였다.
- 2013년 '신재부중국부호방'에 235억 위안으로 44위에 올랐다.
- 2015년 10월 26일 포브스가 발표한 '2015포브스중국부호방'에 허샹젠은 93억 위안의 자산 보유로 7위를 기록하였다.
- 2018년 10월 중앙통전부, 중국공상연맹이 추천한 '개혁 개방 40년 걸출한 민영기업가 100인'에 선정되었고, 같은 해 12월 18일 당 중앙, 국무원으로부터 개혁 선봉에 기여한 상을 수여받았다.

양후이옌
杨惠妍

아버지의 부동산 왕국을 넘어선 양후이옌

8조

제8장 아버지의 부동산 왕국을 넘어선 양후이옌

> 양후이옌(杨惠妍, 양혜연) : 비구이위안(碧桂园, 벽계원, 컨트리가든)의 전 동사국 주석인 양궈챵의 차녀로 현재 비구이위안의 집행이사를 맡고 있다. 2004년부터 비구이위안에서 부친 양궈챵의 비서직으로 일을 시작하였으며 같은 해 양궈챵의 보유 주식 대부분을 상속받아 그녀는 비구이위안그룹의 70% 지분을 보유한 최대 주주가 되었다. 2010년 3월 포브스지가 선정한 '세계 10대 가장 젊은 억만장자' 3위를 기록했다. 2019년 보유자산 177억 달러로 중국 8위, 세계 55위의 부호 자리에 올랐다.

제1절 양후이옌의 부친 양궈챵의 성장 과정

_ 찢어지게 가난했던 어린 시절

양궈챵(杨国强)은 1955년 광동성 순덕현 북교진의 매우 가난한 시골 농부의 집에서 3남 2녀 중 막내로 태어났다. 25살까지 상상하기 어려울 정도로 생활이 궁핍했다. 그의 누나는 일본이 침략했던 3살 때 굶어 죽었다. 18살 이전까지 신발과 양말을 신어 본 적이 없었고 사탕을 먹어 본 적도 없었다. 직접 2분(0.02위안) 이상의 돈을 써 본 적이 없고 학비 7위안을 내지 못해 중학교를 1년 휴학해야 했다. 다행히 학비를 면제받고 학습보조금 2위안을 받아 고등학교 과정을 마칠 수 있었다. 양궈챵은 이때 받은 2위안이 인생에서 가장 소중한 돈이었다고 말한다.

돈을 아끼려고 23살까지 홍콩에서 거주하는 친척이 보내준 헌옷을 입었는데 비록 아껴서 입었지만 옷이 닳아 떨어져 다시 기워 입었고 기운 데가 하도 많아 원래의 옷 색깔을 구별하기 어려울 정도였다. 순덕의 겨울은 아주 춥지 않아 신발과 양말 없이도 생활할 수가 있었다. 그러나 집이 작고 낡아 그가 생활할 수 있는 공간이 없었다. 다행히 형 양궈화(杨国华)가 학교 선생님이어서 형이 거주하는 학교 기숙사에서 얹혀살았다. 내일이 어떻게 될지 모르는 상태에서 청소년기를 보냈다.

_ 공사현장 잡부 일부터 시작

고등학교 과정을 마치고 18살이 되면서 양궈챵은 사회 생활을 시작하였다. 개혁 개방 후 농민들의 삶이 전보다 풍요로워졌고 새 집을 짓는 사람들도 많아졌다. 양궈챵은 집이 중국의 일반인들에게 주는 중요성을 잘 알고 있었고 이 분야에서 일을 배우며 자기 자신을 발전시켜 나가기로 결심하였다. 공사 현장에서 일을 하며 하루 5각(0.5위안)을 받았다. 계산을 해 보니 1년에 200위안, 50년을 모아야 1만 위안이 될 수 있었다. 미래에 대해 걱정이 되어 자신보다 학력이 높은 형에게 물었다. "형, 이 돈으로 어떻게 가정을 이루고 집을 짓고 어떻게 한평생을 살아가지?" 형 자신도 앞날이 걱정이 되기는 마찬가지였지만 앞으로 생활이 좋아질 것이라고 동생을 위로해 주었다.

별다른 특기가 없던 그는 공사현장 잡부 일부터 시작했다. 그가

24살 되던 해에 형이 순덕현 제2건축공사의 책임자가 되자 양궈챵을 북교진방관소(北滘鎭房管所) 시공팀에서 일을 하도록 했고, 그는 총명함과 부지런함을 무기로 시멘트 미장공 보조 일부터 배우기 시작하여 6년간 온갖 힘든 일을 겪으며 팀장의 자리까지 올랐다.

팀장이 된 후 농촌에서 경제적으로 여유로워진 농가의 새집 짓는 일을 도왔다. 돈을 벌기 위해 비바람이 몰아치는 날에도 쉬지를 않았다. 측실을 증축하건 축사를 짓건 화장실을 보수하건 모든 일을 가리지 않았다. 공기를 맞추기 위해 4, 5년간은 명절을 공사 현장에서 지내야 했다. 잠자고 밥 먹고 화장실 가는 시간을 제외하고 나머지 모든 시간은 현장에서 일을 했다.

이 기간에 인생의 큰 슬픔을 겪기도 했다. 큰 딸이 몇 일간 열병을 앓았는데 당시 수입이 너무 적어 치료비가 부족해서 병원엘 가지 못해 치료 시기를 놓쳤다. 결국 딸은 뇌가 손상되어 지능에 장애가 왔다. 어려서부터 가난하게 살아 온데다 치료비가 없어 딸을 제대로 돌보지 못한 것에 자극받아 그 후 그는 반드시 돈을 벌어야겠다는 결심을 하게 되었다.

_ 진정부 산하의 건축 회사를 설립하여 운영

고생스런 생활을 견디다 보니 그 결실이 따랐다. 1984년 그가 저축한 돈의 이자만도 진(鎭)정부 당서기의 1년 연봉보다 많았다. 1989년 진정부에서는 그가 능력이 있다고 인정하여 정부를 위해 돈을 벌어 줄 것을 요구했다. 그래서 그는 앞장서 진정부 산하의 건축회사 북교건축공정공사를 설립하여 책임자가 되었다. 정부에서 그에게 제공한 자산은 관인[도장] 하나가 전부였다.

당시 어느 정도의 돈을 모았기에 돈에 대한 욕구가 이전처럼 강하지 않았다. 그러나 양궈챵은 이 건축회사를 자기 것처럼 소중히 여기고 열심히 일했다. 그는 말한다. "당시에 일이 얼마나 힘든지 아마 모를 겁니다. 건설회사마다 찾아 다니며 건축공사 일이 있는지 확인을 하는가 하면 건축하는 곳을 모두 찾아다니며 혹시 일감이 없는지 물어보았습니다. 설계도 작성, 예산 편성, 자재 구입 등 모든 일을 제가 다했습니다."

예전에 자기 일을 할 때는 한달에 4, 5천 위안을 벌었는데 똑같이 고생스럽게 일을 하고 한달에 겨우 300위안 밖에 받지 못했으니 그를 바보라고 하는 사람도 있었다. 하지만 그는 이에 대해 웃기만 할뿐 대꾸를 하지 않았다. 후일 그는 이 '바보같이 지낸 세월'에 대해 이렇게 말한다. "그럴 만한 가치가 충분히 있었지요. 그때 돈은 벌지 못했지만 중요한 경험을 했고 이것이 저의 재산이 되었지요. 돈보다 더 큰 재산입니다. 저는 이 과정에서 자신을 단련하여 후일 더 큰 일을 할 수 있게 되었습니다." 그리고 1993년 친구 몇 명과 함께 자금 3,395만 위안을 모아 북교건축공정공사를 매수하여 국영기업을 사유화했으며 향후 사업 기반을 마련하였다.

_ 떠밀려 비구이위안 개발 업체가 되다

1993년 양궈챵의 북교건축공정공사는 비구이위안의 도급 시공 업체로서 준공 후 공사대금을 받는 조건으로 순덕삼화물업발전공사(順德三和物业发展公司)가 추진한 비구이위안 단지의 4,000가구 별장을 건설하였다. 그러나 별장을 모두 짓고 나자 마침 국가의 거시경제 조정정책이 진행되어 부동산시장이 꽁꽁 얼어 붙었다. 4,000가구 중에 3가구만 분양이 되었고 은행은 비구이위안 사업자에게 대출을 해주지 않았다. 억대가 넘는 대형 프로젝트가 부도를 맞을 위급한 상황이었다. 양궈챵이 삼화물업발전공사에 그동안 밀린 공사대금을 지급할 것을 재차 요구했지만 삼화는 이를 지급할 방법이 없었다. 그리하여 쌍방이 협상을 한 결과 양궈챵이 비구이위안 별장을 직접 분양하고 분양대금을 그 동안 밀린 공사비로 충당하기로 하였다. 그래서 양궈챵은 우연한 기회에 떠밀리다시피 도급 시공사에서 부동산 개발업체의 대열에 들어서게 되었다.

당시에는 양궈챵에게 결코 유리한 조건이 아니었다. 별장이 분양되지 않으면 이미 지출된 자금을 회수할 수가 없고 그러면 언제라고 과거처럼 씻은 듯이 가난한 생활을 할 수도 있기 때문이었다. 가난에 대해 양궈챵은 그 고통을 뼈저리게 알고 있었다. 그가 말하기를 가난이란 원하는 것을 절대로 가질 수가 없고 배고픔과 추위, 고통과 같은 원하지 않는 것은 반드시 갖게 되는 것이라고 했다.

_ 왕쯔강의 합류

도무지 팔리지 않는 별장을 어떻게든 팔아보기 위해 양궈챵은 온갖 방법을 다 시도했지만 모두 허사였다. 그러던 중 지인의 소개로 신화사 기자 왕쯔강(王志纲)을 초빙하게 되었다. 원래는 기자의 힘을 빌려 신문에 비구이위안을 홍보해 볼 요량이었다. 왕쯔강은 비구이위안을 한 바퀴 돌아보고 양궈챵을 크게 책망했다. 왕쯔강의 질책을 끝까지 듣고 난 양궈챵은 화를 내지 않고 오히려 그에게 회사의 기획책임자 자리를 제시했다. 왕쯔강은 단지 내에 귀족국제학교를 설립하여 부잣집 자녀들을 끌어들이고 학생의 가족들이 주택을 구입하여 단지 내에서 거주토록 할 것을 제안했다. 양궈챵은 곧바로 비구이위안에 북경의 명문인 경산학교 분교를 설립하고 덩샤오핑의 손자도 경산학교를 다닌다고 홍보했다. 그러자 이 소문이 퍼져 비구이위안은 순식간에 유명해졌고, 분양이 활기를 띄기 시작했으며 부도 직전이었던 이 사업도 다시 되살아나게 되었다.

학교의 학생 정원 수가 거의 차자 양궈챵은 기지를 발휘했다. 교육비축금 제도를 만들어 입학생 1인당 30만 위안을 납부토록 하고 학생이 졸업할 때 이를 환불하도록 하여 당시 회사가 직면한 자금난 문제를 해소하였다. 그 후 이 사례는 중국 마케팅학에서 예시되는 모델이 되었으며 왕쯔강도 그의 이름을 널리 알리는 계기가 되었다.

교육비축금 3억 위안이 확보되자 광동성 각지에서 온 부잣집 자녀들은 비구이위안학교의 최초의 교육 대상이 되었고, 학교 교사는 전국 각지에서 응모한 8,000명 중에서 엄선한 가장 우수한 선생들로 구성되었다.

1995년 양궈챵과 동업자 4명은 삼화측이 사업 운영에 자신감을 상실했다는 약점을 파악하고 협상을 진행하여 8,000만 위안으로 비구이위안의 부동산 관리회사인 비구이위안물업발전유한공사를 사들였다. 그중 양궈챵이 6할을 차지하고 동업자 4명이 각각 1할씩 차지했다. 후일 동업자들은 그와 같이 한 것이 지혜와 금전 면에서 모두 승리한 것이라고 평가했다.

_ 초저가 전략, 배추를 팔듯이 집을 팔다

1998년 중국에서는 정부나 국유기업에서 직원에게 주택을 공급해 주는 정책을 취소하였고, 몇 년 후에는 '공동투자주택 금지'에 관한 시행령을 발표하였다. 정부나 기업이 주택을 못 짓게 되자 부동산 개발사업자에게 더 많은 기회가 생겼고 토지 매입 절차도 더 자유롭고 합리적으로 바뀌었다.

다음해 어느 정도 규모를 갖춘 비구이위안은 조용히 광주로 진출하여 상품을 제조하는 방식으로 주택을 짓기 시작하였다. 2000년 설 명절 기간에 광주 비구이위안이 분양을 시작하였다. 제곱미터당 3,000위안에 정원이 딸린 양옥집이었다. 이 가격은 같은 지역의 실내 장식이 되어있지 않은 주택보다 더 저렴한 가격이었다. 초저가 전략으로 분양을 했더니 가옥 70동이 불과 2개월만에 매진되었다.

그리고 곧이어 비구이위안봉황성, 여성비구이위안, 비구이위안 골프타운, 비구이화원, 비구이호원, 비구이화성, 벽해명헌, 위금호정 등 10여개의 초대형 주거단지를 개발하였다. 1999년 비구이위안의 연 매출액은 이미 25억 위안을 넘었다.

비구이위안봉황성은 2001년에 분양을 시작하였다. 양궈챵은 '값이 싸고 품질이 우수하다.'는 깃발을 내걸고, '50만 위안을 내면 별장에서 살 수 있다.'는 구호도 외치며 별장을 분양했다. 비록 당시에 봉황성의 위치가 광주 시내 중심과 약간 떨어져 있어 차로 1시간을 가야 도착하는 위치에 있었지만 집을 사겠다는 사람들이 구름처럼 몰려들어 1분마다 주택 한 채가 분양되어 하루에 7.5억 위안이 매각되는 신화를 창조했고 그 기록은 현재까지 깨지지 않고 있다. 당시 언론은 '마치 배추 팔듯이 집을 팔았다'고 표현하였다.

비축 토지를 저렴하게 매수한 것이 비구이위안집단이 자랑스러워 하는 점이다. 비구이위안은 중국에서 가장 방대하고 낮은 원가의 토지를 비축하고 있는 부동산 개발업체 중 하나이며, 이러한 비축 토지가 회사 발전과 이윤 창출에 강력한 밑바탕이 되고 있다. 또한 합리적인 원가절감을 위해 인허가, 설계, 건축, 실내장식 등 일련의 절차를 자사가 직접 진행하고 자체 취토장, 시멘트공장, 벽돌공장까지 보유하고 있다. 그야말로 주택제조공장의 시스템을 갖추고 있다.

_ 딸에게 소유 주식을 양도

비구이위안 초기부터 양궈챵은 줄곧 회사의 대주주였다. 2005년 미국 유학에서 돌아온 양후이옌은 비구이위안에 입사하여 부친 양궈챵의 개인 비서직을 수행했다. 같은 해 양궈챵은 본인이 소유한 주식 전부를 딸에게 양도하였다. 그녀를 지도자로 키우기 위해서였다.

2007년 비구이위안이 홍콩 증권거래소 상장에 성공하면서 주가가 치솟았다. 양궈챵의 차녀 양후이옌은 보유자산 1,211억 위안으로 2007년 포브스가 선정한 중국 최고의 부호가 되었다.

비록 양궈챵은 지분 대부분을 그의 차녀에게 양도하였지만 그는 여전히 비구이위안 그룹의 집행이사로서 발전 계획, 투자 계획, 그리고 그룹의 전체 프로젝트를 만드는데 책임을 지고 있다. 그는 아직도 비구이위안의 총책임자로서의 역할을 수행하고 있다.

제2절 양후이옌의 성장 과정

_ 14세부터 후계자 수업

광동성 순덕에서 태어난 양후이옌은 조용한 유년 생활을 보냈다. 중학교는 아버지 양궈챵이 설립한 광동비구이위안국제학교를 다녔다. 청소년 시절 그녀는 타인에게 친근감을 느끼게 했고 안정감이 있으며 이웃집 소녀같이 단순하며 평범했다고 한다. 양후이옌의 외모와 성격은 모친을 닮았고 동생은 부친을 닮았다. 그녀는 항상 미소를 머금고 있었고 말수가 적었다.

고등학교 시절 부친은 양후이옌의 영어 실력을 향상시키기 위해서 특별히 외국 여학생을 초빙해 같이 먹고 자며 그녀를 가르치게 했다. 그리고 올바른 품행을 갖추도록 하는데 게을리하지 않았다.

리자청의 전기를 탐독한 양궈챵은 자녀 교육에서도 그를 본받았다. 양후이옌이 겨우 14세때 부친은 두 딸을 이사회 회의실 방청석에 앉혀 회의 진행 내용을 듣게 하였다. 회의가 끝난 뒤 양궈챵은 두 딸에게 회의에서 자신이 발언한 이유와 부하 직원들의 잘못을 지적하는 방법 등을 알려 주었다.

이렇데 말로 가르치고 몸소 실천하는 교육을 통해 양후이옌은 점차 자신이 비구이위안의 미래 후계자가 될 것임을 알아갔다. 그러나 이것이 당초 이 내성적인 소녀의 장래 희망 직업은 결코 아니었다. 그녀는 어렸을 때 가족 앞에서 장래에 학교 선생님이 되고 싶다고 말했다. 적어도 그녀가 미국으로 유학 가기 전까지는 비구이위안과 같은 거대 기업을 관리하는 것이 그녀의 희망이 아니었던 것은 틀림없다.

_ 미국 유학 후 비구이위안에 합류

2001년 비구이위안국제학교를 졸업한 양후이옌은 영국에서 어학연수를 거쳐 미국 오하이오주립대학에서 4년 동안 마케팅 및 물류학을 전공하여 학사 학위를 취득하였다. 대학 시절 역시 조용히 공부에 열중하여 거의 A학점을 취득했고 졸업식장에서 총장으로부터 직접 졸업장을 받는 영예를 차지했다.

2005년 귀국 후 비구이위안에 입사하여 양궈챵의 업무 보조 및 구매부 매니저 직책을 맡았다. 같은 해 양궈챵은 비구이위안 발행 주식의 70%에 해당하는 보유 주식 전체를 딸 양후이옌에게 양도하였다. 그녀의 의식주 등 생활하는 모습은 이전과 다를 바 없었고 겉으로 드러내는 것을 좋아하지 않아 대다수의 회사 직원들은 그녀를 알아보지 못했다. 양후이옌은 여전히 겸허했고 언론의 취재를 일체 거절했다.

_ 아버지의 그늘에서 벗어나기

양후이옌은 명의상의 대표로만 있고자 하지 않고 부친의 그늘에서 벗어나고자 했다. 자신의 실력만으로 사회로부터 인정받고 싶었다. 비구이위안에 입사하고 얼마 지나지 않아 그녀는 우선 비구이위안의 복잡하고 혼란스런 장부상의 계정과목을 정리하고 동시에 미국에서 새로운 관리팀을 초빙하여 양궈챵 시대의 창업팀을 상당 부분 교체하였다.

2007년 4월 10일 비구이위안그룹은 양후이옌이 부친의 대변인이 아니고 회사 권익의 최종 수혜자이며, 개인자산관리와 결정에 대해 전권을 보유함을 양궈챵과 양후이옌이 이사회에서 확인하였음을 공시했다.

그녀가 2012년 3월부터 비구위안그룹의 부주석직을 수행한 이래 비구이위안은 더욱 발전하여 그녀의 업무 능력도 인정을 받았다. 2018년 11월 30일 현재 비구이위안그룹은 계약 체결 기준 4,897.4억 위안 규모의 매각을 성사시켜 동기 대비 29.52% 증가하였고, 계약이 체결된 건축 면적은 5,246만 제곱미터로 동기 대비 22.31% 증가하였다.

또한 비구이위안의 교육과 부동산관리 사업 부분을 성공적으로 상장시켰다. 박실락교육집단(博实乐教育集团)은 2017년 뉴욕 증권거래소에 상장하여 한때 시가총액이 100억 위안을 웃돌기도 했다. 비구이위안복무(서비스)는 2018년 6월에 되어 전국 29개 성과 260개 도시의 100만 호가 넘는 고객을 상대로 전문적이고 치밀한 주거서비스를 제공하고 있다.

제3절 양궈챵, 양후이옌에 관한 일화

_ 긴밀한 정경 유착 관계

비구이위안이 홍콩 증권거래소에 정식 상장한 날 공식 석상에는 양궈챵의 고향에서 참석한 지방 공무원들이 있었다. 그들은 비구이위안이 시가총액이 가장 큰 국내 부동산개발회사가 되는 순간을 직접 목격했다. 지방 공무원들은 양궈챵과 비구이위안을 순덕의 자랑이자 불산시의 자랑이며, 불산시 제3산업 발전의 자랑이라고 지극히 칭찬하였다.

중국의 민영기업 발전사를 아는 사람이라면 기업이 신속하고 안전하고 규모있게 발전하려면 지방정부와 공무원의 지지가 없으면 쉽게 이루기 어렵다는 것을 잘 알 것이다.

양궈챵의 초창기를 보면 형의 도움을 많이 받았다. 공무원의 신분으로 지방정부 산하 건설회사의 책임자로 있는 그의 형 양궈화 덕분에 회사에 입사할 수 있었고 고속 승진도 가능했으며, 또 진정부 신설 건설회사의 사장이 되었다. 여기에서 양궈챵은 인생의 첫 번째 기회를 잡았고, 그리고 4년 뒤 그의 사업동반자 양얼주(杨貳珠)와 3,395억 위안에 지방정부의 회사를 매수하여 사유화할 수 있었다.

양궈챵이 국영기업을 순조롭게 사유화할 수 있었던 것은 지방정부 공무원의 전폭적이 지지와 깊은 관련이 있다. 당시 북교진의 당위 서기인 취샹셴(区祥贤)이 바로 양궈챵을 유명하게 만든 귀인 중 한 명이다. 물론 귀인이 취샹셴 한 명만은 아니었고 당시 순덕에서 근무하던 거의 모든 공무원들이 양궈챵에게 각종 편리를 제공했다. 이렇듯 긴밀한 정경유착을 통해 양측이 모두 승자가 될 수 있었다.

사실 정경유착은 중국 기업계의 보편적 특징으로 별 대수로운 일도 아니다. 그러나 양궈챵과 역대 지방공무원과의 관계 사이에 틈이 생기거나 모순 또는 분쟁이 발생하지 않고 수십 년을 하루같이 긴밀하게 유지할 수 있는 것은 매우 드문 일로 정말 대단하다고 하지 않을 수 없다.

_ **경영 전선에서 막후 지원으로**

양궈챵은 겸손하게 처신하며 언론의 취재를 받지 않는다. 비구이위안 내부의 주주 구성은 전형적인 가족기업이다. 다수의 주주들이 양궈챵과 친인척 관계에 있다. '2006년 호윤백호방'에는 비구이위안에서 모두 10명의 주주가 순위에 올랐는데 그중 6명은 순덕 출신의 양씨성을 가진 사람들이었다.

줄곧 양궈챵은 회사의 대주주였다. 2004년 미국 오하이오주립대학에서 마케팅 및 물류를 전공한 23세의 양후이옌이 비구이위안에 입사하여 양궈챵의 개인 비서직을 수행했으며 양궈챵은 자신이 보유하고 있던 지분을 딸에게 양도하여 후계자로 양성하였다.

비구이위안의 주식이 홍콩에 정식 상장하면서부터 비구이위안의 설립자 양궈챵과 그의 가족이 세상의 관심을 받기 시작했다. 비록 양궈챵은 이미 2005년에 자신의 모든 권리를 딸인 양후이옌에게 넘겨주어 과거처럼 권리를 행사할 수 없지만 그는 아직 비구이위안 그룹의 이사직에 있으며 그룹의 발전 전략과 투자 계획, 그리고 그룹 전체의 프로젝트를 설계하고 있다.

_ 3년간 박사 1만 명 면접

2013년 양궈챵이 핑안(平安)보험의 마밍쩌에게 물었다. "당신은 도대체 어떻게 핑안보험의 억만 자금을 관리할 수 있습니까? 비법이 무엇입니까?" 그러자 마밍쩌가 말하길 "저에게 무슨 비법이 있겠습니까? 그저 우수한 인재를 쓸 뿐이지요. 저희 회사에는 연봉이 천만 위안이 넘는 직원이 많습니다."

회사에 돌아온 양궈챵은 비구이위안 인력자원부 총경리 펑쯔빈에게 지시했다. "30억 위안을 줄테니 인재 300명을 모셔 오시오." 300명은 일반 직원이 아닌 세계 유명 대학의 박사를 가리킨 것이다. 2016년 말 비구이위안은 400명이 넘는 박사 직원을 보유하였고, 2017년 말에는 현재 900명이 넘었다. 3년에 박사 1만 명을 면접 보았으니 하루에 평균 30명을 면접 본 것이다.

양궈챵의 목표는 높은 수준의 관리팀을 구성해 실력있는 자들이 비구이위안의 수천억 위안이 넘는 프로젝트를 수행토록 하는 것이고 이는 이미 성공을 거두고 있다. 한 예로 비구이위안 호주지역 총재 후궈타오(胡国韬)는 영국 이공대학을 졸업한 박사로 4억 호주달러를 투자하여 몰본지역의 부지를 사들였으며 500억 호주달러의 대형 프로젝트를 추진중이다.

_ 파트너십 제도

비구이위안의 관리자들이 비록 일류이긴 하지만 양궈챵은 회사가 혹시 문을 닫게 되지 않을까 늘 걱정을 하고 있다. 그래서 그가 생각해낸 것이 파트너십 제도이다. 최초의 목적은 참여 직원이 회사와 함께하고 있다는 느낌을 주기 위한 것이고 또한 비구이위안의 직원들이 프로젝트에 지분을 참여하여 함께 높은 수익을 얻는 동시에 모든 직원이 기업의 가치 창조에 전년케하기 위해서였다. 2012년에 처음으로 이 제도를 시행하였는데 그해 말 한 직원이 8,000만 위안의 수익금을 수령하였는데 금액이 생각보다 많아 혹시 회사에서 업무 착오로 원래 금액 뒤에 영을 하나 더 기록한 것이 아닌가 하고 양궈챵을 찾아가 확인해 보았다. 양궈챵은 그에게 이 금액은 그의 업무 실적과 파트너십 제도 수익률에 따라 지급한 것이라고 확인해 주었다.

이 일은 회사 직원들이 업무에 매진하는데 많은 자극이 되었다. 2013년 말 비구이위안의 매출액은 1,060억 위안으로 200% 급증하였다. 강소 지역의 총재 류선펑은 2016년 1억 위안을 받았다. 그는 직업사장이면서 프로젝트의 파트너십 참여자이기도 하여 강소성 프로젝트에 1.5억 위안을 투자하였다. "저는 전 재산과 보유 주택을 저당 잡혀 모두 투입하였습니다. 그러니 미친 듯이 일에 매진할 수 밖에요."

2016년 6월 30일 비구이위안은 모두 319개 프로젝트에서 파트너십 제도를 시행하여 평균 65%의 수익률을 거두었다.

시골 농부의 모습으로 베푸는 선행

양궈챵은 평소 시골 농부의 차림새로 다니고 양복을 입는 경우가 매우 적다. 그를 모르는 사람은 그가 바로 옆에 있어도 그가 대단한 부호라는 것을 눈치채지 못한다. 평소에 국산 차량을 타고 다니고 근검절약하는 생활을 하고 있다. 그러나 양궈챵의 선행에 대해서는 현지에서 입소문이 자자하다. 북교진 정부 관계자의 말에 따르면 양궈챵은 이미 십여 년간 거액을 자선사업에 기부하고 있다고 한다. 그리고 매년 60세 이상의 노인들을 초빙해 경극을 무료 관람토록 하고 고향 사람 중에 살림이 어려운 자는 비구이위안에서 일을 하도록 돕고 있다고 한다.

비구이위안 귀족학교의 학비는 수십만 위안에 달하지만 양궈챵은 형편이 어려운 학생들을 돕는데에 많은 관심을 쏟고 있다. 비구이위안 옆에 학비가 전액 무료인 '국화기념중학'을 설립하였다. 교내의 기념비에는 이렇게 적혀 있다. "세상에 공헌할 수 있는 인재들이 가난 때문에 제 몫을 다 못하고 사라져 가는 것을 차마 눈뜨고 볼 수가 없다. 가난하지만 가슴에 뜻을 품은 자들이 배움의 기회를 놓치지 않고 그들이 뜻을 펼칠 수 있도록 하기 위해 이 학교를 설립하게 되었다."

제4절 양궈챵, 양후이옌 약력

- 1955년 광주 불산시 순덕현 북교진에서 양궈챵이 태어났다.
- 1979년 양궈챵은 북교공사방과소에서 미장 보조로 일을 시작하여 6년 후 구건축팀의 팀장이 되었다.
- 1981년 광동성 순덕에서 양궈챵의 3녀 중 둘째로 양후이옌이 태어났다.
- 1989년 양궈챵은 진정부 산하의 건축회사인 북교건축공정공사의 법정대표자 겸 총경리가 되었다.
- 1995년 양궈챵 외 4인은 8,000만 위안에 비구이위안물업발전유한공사를 매수하며 양궈챵이 6할의 지분을 차지하였다.
- 1998년 광주시에 70동의 아파트를 건설하여 2개월여 만에 모두 매각하는 기적을 이루었다.
- 1999년 광주비구이위안 별장 3,000가구를 1개월 내에 분양 완료하였다.
- 2001년 비구이위안봉황성을 분양하여 7.5억 위안의 매출 신화를 만들었다.
- 2003년 광주 '봉황원반산별장'은 1천만 위안을 호가하는 별장형 주택인데 20개 동이 3개월 이내에 분양이 완료되었다.
- 2005년 양후이옌이 부친의 비서직과 비구이위안 구매부 매니저직을 수행하며 부친의 보유 주식 70%를 양도받았다.
- 2007년 비구이위안그룹이 홍콩 증권거래소에 공식 상장하면서 26세의 양후이옌은 중국 내륙의 새로운 최고 여성 부호가 되었다.

- 2011년 양후이옌은 30세의 나이로 비구이위안의 구매업무를 장악하고 그룹 발전 전략을 기획하는 일을 수행하였다.
- 2012년 3월 27일 양후이옌은 그룹 부주석직에 올랐다.
- 2115년 싱가폴, 말레이시아경제특구에 지능형 생체타운을 조성하는데 2,500억 위안을 투자하였다.
- 2017년 5월 25일 포브스지가 선정한 세계 상장기업 300대 기업 중 273위를 기록하였다.
- 2017년 8월 23일 비구이위안은 2017년 중국 민영기업 서비스업 100대 기업 중 9위에 올랐다.
- 2018년 6월 19일 비구이위안복무(서비스)가 홍콩 증권거래소에 공식 상장되었다.

류롼슝
刘銮雄

주식 저격수에서 부동산 임대왕이 된 류롼슝

9종

제9장 주식 저격수에서 부동산 임대왕이 된 류롼슝

> 류롼슝(刘銮雄, 유란웅) : 선풍기 제조 사업에서 크게 성공하여 '선풍기리류'라는 호칭을 얻게 되었다. 숫자에 특히 민감하고 예리한 안목과 추진력을 지닌 그는 저격수의 자세로 홍콩 증시를 활보하며 1985년에 빠른 속도로 우뚝 설 수 있었다. 현재 화런즈예 등 4개의 상장사를 보유하고 있으며 부동산, 미디어, 건축, 제조업 등과 관련되어 있다. 2019년 169억 달러의 자산보유로 중국 9위, 세계 65위로 올라섰다.

제1절 류롼슝의 성장 과정

_ 어머니의 영향

류롼슝은 1951년 홍콩에서 태어났다. 원적은 광동성 조주이고 사람들은 그를 따류(大刘)라고 불렀고 역시 홍콩의 부호인 그의 동생 류롼훙(刘銮鸿)을 샤오류(小刘)라고 부른다.

어린 시절에는 경제적으로 생활이 어려웠다. 상인이었던 부친께서 처음에는 쌀가게를 운영하였으나 후에 의류제조공장으로 전업하는 과정에서 사기를 당하여 한동안 곤경에 빠졌다. 10살 이전까지 모든 가족이 판잣집에서 생활하였는데 여름에는 바닥에 돗자리를 깔고 겨울에는 담요를 깔고 잠을 잤다. 집안에서 큰아들인 류롼슝은 가정 내의 대소사를 모두 어머니께서 홀로 처리하시는 것을 보고 집 안 청소, 설거지, 땔감 장만 등의 잡다한 일을 하며 어머니를 도와드렸다.

몇 년 뒤 부모님이 돈을 모아 조그만 선풍기 공장을 세워 운영하자 집안 형편도 조금씩 호전되어 아들을 캐나다로 유학을 보낼 수 있을 정도가 되었다. 아들을 어릴 적에 고생시켰다는 이유 때문이었는지 어머니는 유학 간 아들이 원하는 것이라면 가능한 한 모두 들어주었고 생활비도 여유 있게 보내 주셨다. 유학 시절 친구들에게 자주 비싼 밥을 사주어 친구들 사이에서 이름이 꽤 알려졌다. 대학교 1학년 때 음악을 좋아한 류롼숭은 당시 주택 한 채 가격에 해당하는 세계 최고급 Hi-Fi 음향기기를 사달라고 하였고 어머니는 전혀 주저함이 없이 선뜻 그것을 사주셨는데 후일 이 일을 회상하면 매우 후회된다고 했다. 그렇다고 어머니께서 무조건 자식을 애지중지한 것만은 아니었다. 비록 어머니는 공부를 많이 하지 않으셨지만 사람이 되려면 첫째는 공부를 열심히 해야 하고, 둘째는 약속을 지키고 신용이 있어야 한다고 하셨다. 이런 간단하고 소박한 처세 원칙이 류롼숭에게 평생 지대한 영향을 끼쳤다.

_ 캐나다 유학 시절

캐나다 유학 시절 북경에서 유학을 온 바오용친(宝咏琴)을 만났다. 바오용친은 원적이 북경으로 홍콩에서 5남매 중 넷째로 태어났다. 류롼숭보다 3살 아래였다. 원래는 생활 환경이 괜찮았으나 세관에서 근무하시던 부친께서 그녀가 9세 되던 해에 중풍으로 쓰러

지셨고 이때부터 집안 생계는 어머니의 삯바느질로 유지가 되었는데 이러한 점에서 류롼슝과 유사한 면이 있었다. 바오용친은 유학을 가고 싶었지만 학비와 생활비를 스스로 해결해야 했다. 그녀는 KFC 매점에서 1년간 일을 하고 모은 돈으로 캐나다 워털루대학교에 입학하여 사회학을 전공하였다. 재학 시절 줄곧 아르바이트로 학비를 모아 겨우 학교에 다닐 수 있었다. 이때 류롼슝의 여동생의 소개로 둘이 알게 되어 연애를 시작하였다. 당시에 그는 다른 학교에 다니고 있는 그녀를 보기 위해 두 시간이 넘게 차를 몰아 그녀를 잠깐 보고 돌아갈 정도로 뜨겁게 사랑했다고 한다. 1977년 26세의 류롼슝과 23세의 바오용친은 결혼을 하여 둘 사이에는 1남 1녀가 있었으나 류롼슝의 바람끼로 결국 1992년에 이혼하였다.

_ 부친의 선풍기 공장에서 탈퇴하고 자립의 길을 모색

학업을 마치고 돌아온 그는 아버지의 선풍기 제조공장에 들어가 불과 1년 이내에 공장의 이익금을 300만 홍콩달러에서 1,000만 홍콩달러로 끌어 올리는 등 경영 면에서 타고난 소질을 보여 주었다. 그러나 한편으로는 그의 수단이 너무 강경하여 여러 가족 구성원들의 원성을 사기도 했다. 특히 아버지와 의견 충돌이 잦았다. 당시 부친 공장의 선풍기 주 판매처는 중동지역이었는데 이미 시장이 포화 상태에 이르렀기에 류롼슝은 가만히 앉아서 도태되고 사망하느니 새로운 시장을 개척하는 것이 좋겠다고 생각하여 부친에게 향후 주요 판매처를 북미시장으로 바꿀 것을 제안하였다. 그러나 아버지는 결사반대였다. 당시 대부분 북미에 소재한 가정들은 이미 에어컨을 갖추고 있었는데 어떻게 시대에 뒤떨어진 선풍기를 사냐고 생각했다. 부자가 모두 성격이 완고하여 서로 양보하지 않자 류롼슝은 차라리 따로 자기 사업을 하기로 하였다.

_ 장모가 빌려주신 사업자금

창업할 때 류롼슝을 가장 지지한 사람은 그의 장모였다. 장모는 류의 능력을 전적으로 신뢰하여 자신의 주택을 담보로 은행에서 대출을 받아 사위에게 사업자금으로 빌려주었다. 류롼슝은 바오용친과 이혼을 한 뒤에도 장모를 살뜰히 보살폈다. 전처인 바오용친이 세상을 떠난 뒤에도 전용 비행기 한 대를 장모가 사용토록 했고 정기적으로 장모를 모시고 함께 식사를 하고 차도 마셨다고 한다.

류롼슝은 장모가 빌려준 자금으로 나이지리아와 서아프리카로 건너가 보따리상을 하였는데 위험이 따랐지만 그에 대한 보상은 매우 유혹적이었다. 10만 홍콩달러로 20만 홍콩달러를 벌 수가 있었고, 세 번 왔다 갔다 하면 100만 홍콩달러 이상을 벌 수가 있었다. 6개월도 안 되어 원금과 이자를 장모께 돌려드리고 집을 되찾을 수 있었다. 보따리상은 안전하지 못해 류롼슝은 이 일을 계속하면 조만간 위험이 닥칠 것으로 생각되어 적시에 그만두었다. 아니나 다를까 6개월 후에 사건이 터졌다. 나이지리아를 상대로 무역을 하는 모든 홍콩 무역업자들은 나이지리아 정부로부터 40여 억 홍콩달러에 상당하는 물품을 몰수당해 많은 사람이 절망감을 느낄 수밖에 없었지만 이번 사건을 무사히 넘긴 류는 이를 계기로 더욱 견실한 사업을 하기로 마음먹었다.

_ 애미고를 설립하여 선풍기를 생산하다

1978년에 류롼슝은 자신이 가장 잘 알고 있으며 공급원이 확보된 선풍기 영역부터 사업을 시작하였다. 가진 돈 모두를 투자하여 친구와 애미고회사(爱美高公司)를 설립하였는데 공장 부지는 무려 2만 제곱피트나 되었다. 하지만 주문량이 한정되어 있어 5, 6개월 후부터는 임금조차 지급하기 어려운 형편이 되었다. 별다른 해결책이 나오지 않자 류롼슝은 눈길을 다시 북미 시장으로 돌렸다. 미국으로 출발하기 전에 결혼한지 1년밖에 되지 않은 바오용친에게 일이 풀리지 않으면 홍콩으로 돌아오지 않겠다고 하였다. 그러나 배수진을 치고 결사의 자세로 임하겠다는 각오 뒤에는 그의 소망 또한 담겨 있었다. 그 소망은 통장에 100만 홍콩달러의 예금과 150제곱미터 규모의 주택을 마련하는 것이었다.

_ 미국에서의 전화위복

태평양을 건너 미국에 도착하자마자 그는 하마터면 유대인 거래상에게 당하여 파산이 날뻔했다. 원래 그 유대인은 선풍기가 도착하면 대금을 지급하기로 약속했지만 하역을 마치자 제품의 기준미달을 이유로 터무니없이 가격을 깎기 시작했다. 제품이 팔리더라도 류롼슝은 본전을 모두 날릴 판이었다. 그러나 그에게 운이 따랐다. 그가 진퇴양난의 처지에 놓여 있을 때 솜씨 좋고 마음씨 좋은 엔지니어의 도움을 받아 제품들은 약간의 손질을 거쳐 미국 안전규격을 통과할 수 있었다. 지옥에 갔다가 돌아온 느낌이었다. 그리고 류롼슝은 중간상인인 유대인을 건너뛰어 직접 대리점에 제품을 팔아 200%의 이윤을 남겼다.

그해 류롼슝의 선풍기 회사는 수억 홍콩달러를 벌었고 더욱이 홍콩 전체에서 유일하게 미국 안전규격을 통과한 업체가 되었다. 시기와 환경, 인심이 모두 류롼슝을 돕고 있었다. 당시 70년대 말에는 이란과 이라크 간에 전쟁이 발발하여 석유파동이 전 세계를 강타했고, 또한 세계 경제가 쇠퇴기에 접어들어 모두가 에너지 절약을 하고 있었기에 에어컨이 있는 집에서도 선풍기를 구매하여 이용하였다. 이에 따라 애미고에서 생산한 복고풍의 천정 선풍기도 불티나게 팔려 나갔다. 류롼슝은 기세를 몰아 사업 범위를 등구, 전자해충퇴치기, 온수기 등으로 확대하여 그의 취급 제품은 제법 규모를 갖추게 되었다. 단 5년 만에 직원수가 22명이던 애미고를 만 명이 넘는 동종 업계의 리더로 자리잡게 했다.

_ **주식 저격수로서의 인생을 시작하다**

1983년 애미고는 홍콩 증권거래소에 성공적으로 상장하여 자산 규모가 5억 홍콩달러에 달해 애초 그가 꿈꾸었던 목표를 훨씬 초과했다. 그러나 1985년에 류롼슝은 동업자와의 불화로 갑자기 애미고의 주식을 모두 매각하고 회사를 떠났는데 주가는 4홍콩달러에서 0.7홍콩달러로 곤두박질쳤다. 그러자 그는 다시 저가에 그 주식을 매수하여 6개월 후에 또다시 애미고의 대주주가 되었다. 그리고 1986년에는 당시 60년 전통의 화런즈예(华人置业)를 매수하면서 증시에서의 저격수로 인생이 전개되었다. 그는 주주의 지배권이 취약한 회사를 주요 상대로 삼았고, 장씨 가족의 능달과기(能达科技), 리자오지(李兆基)의 중화가스와 카두리(Kadoorie) 가족의 호텔 등 다수의 회사를 저격하여 모두 성공시켰다. 그러나 화런즈예와 중화오락 등을 제외하고는 모두 다시 원 대주주에게 되팔아 큰돈을 손에 넣었다.

화런즈예를 통한 부동산 개발 사업에 진출

류뢴슝 형제가 화런즈예의 대주주가 되자 업계에서는 그들을 높게 평가하기 시작하였다. 원적이 같은 조주인 리자청(李嘉诚)은 이를 대단히 여겨 지금까지도 화런즈예의 지분을 보유하고 있다고 한다. 화런즈예그룹은 1980년에 이미 심천에서 투자프로젝트를 진행하였고 1987년에 부동산 개발사업에 뛰어들었다. 최초의 투자는 보리그룹(保利集团)과 합자한 북경여경화원(丽京花园)과 북경쉐라톤호텔이었고, 여경화원의 토지사용허가증의 번호가 0001번이라는 사실을 그는 자주 언급하곤 한다.

_ 중국 내륙에서의 사업 전개

1992년부터 북경과 상해에 사무소를 설립하고 북경, 상해, 심천, 광주, 천진 등 10여 개 도시의 부동산에 60억 홍콩달러 이상을 투자하였다. 화런즈예그룹 소속 재무총감은 당시 대륙에 투자한 부동산 개발 등으로 매년 4,000만에서 5,000만 홍콩달러의 임대료를 받았다고 한다. 이 금액은 전체 그룹 내에서 차지하는 비중에는 미미했지만 류롼슝은 내륙 시장을 중요시하여 2002년부터 2003년까지 약 1년 반 이상의 시간을 시장조사에 매진했다고 한다.

2002년 6월 류씨 형제는 상해구백집단유한공사와 합자하여 구백백화점을 인수하였는데 쌍방은 각각 50%의 지분을 보유했고 총 투자비는 20억 위안을 초과하였다.

2003년 화런즈예는 천진시 화성광장 20%의 지분과 해구시의 아주호원 40%의 지분을 확보하였고, 신세계발전의 주석 정위통과 연대하여 35.5억 홍콩달러로 동나만 숭광백화빌딩(銅鑼湾 崇光百貨大楼)을 매입하였다.

현재 류롼슝의 화런즈예는 시가총액 401억 홍콩달러로 홍콩, 중국 본토, 영국 등에서 부동산 개발 등 각종 투자사업을 벌이고 있다. 홍콩에서만 쇼핑센터, 상업 시설 등 14개 대형 시설 임대사업을 진행하고 있으며 베이징, 선전 등 중국 본토 주요 대도시에 대형 호텔, 오피스 빌딩 등을 갖고 있다.

제2절 류롼슝에 관한 일화

_ 증시의 저격수

1984년 류롼슝은 애미고의 설립 동업자인 량잉웨이와 의견 충돌이 잦았고 성격이 강직한 류롼슝은 자신의 지분을 기금회사에 유상 양도하고 회사를 떠났다. 그가 떠나자 애미고의 주가는 4홍콩달러에서 0.7홍콩달러로 곤두박질쳤다.

그러나 류롼슝은 아주 떠난 것이 아니었다. 주가가 저점에 이르자 그는 애미고의 주식을 대대적으로 사들이기 시작하였고, 6개월 후 반격에 들어간 그는 다시 애미고의 경영권을 확보하여 동반 창업자를 회사에서 밀어냈다. 그는 이번 거래로 애미고의 경영권을 확실하게 장악했을 뿐만 아니라 2억 홍콩달러를 벌어들였다. 톡톡히 재미를 본 것이다. 천정선풍기를 판매하는 것보다 위험성은 크지만 회수가 빠르고 보다 자극적이었다.

그 후부터 류롼슝은 홍콩 증시에서 그의 이름 석 자를 들으면 모두가 두려워하는 증시 저격수로 변신하였다.

소위 '증시 저격'이란 공격적 M&A로써 법에는 부합하지만 상장회사들이 가장 혐오하는 행위를 통하여 경영권을 확보하는 것을 일컫는다. 통상적으로 상장회사 중에서 대주주의 경영권 지배구조가 취약하지만 회사의 자산가치가 매우 높은 회사를 상대로 우선 조용히 주식을 사들여 일정 지분을 확보한 뒤 다시 높은 가격에 되팔거나 경영권을 확보하여 이 과정에서 이익을 취하는 행위를 말한다.

1985년부터 1987년까지 그는 4개의 회사를 공격 대상으로 삼았는데 능달과기, 화런즈예, 중화가스(Hongkong and China Gas Group), 홍콩 대주점이 대상 기업이었으며 그는 4전 4승을 거두었다. 그중 중화가스는 리자오지의 기업으로 리자오지는 한때 아시아의 최고 갑부였고 '아시아 주식의 신'이라는 호칭을 갖고 있었다. 그야말로 하룻강아지가 범에게 달려든 격으로 그는 해당사의 주식 800여만 주를 사들였다가 이를 되팔아 3,400만 홍콩달러를 넘게 벌어들였다.

화런즈예 사건은 류롼슝의 대표작으로 이 증시 저격으로 그는 60년 전통의 유명 브랜드 기업을 자기 소유로 만들었고, 오늘날에 이르기까지 이 회사는 여전히 그가 자본시장을 확보하는데 주도적인 역할을 하고 있다.

그를 저격수라는 호칭의 정점에 오르게 한 것은 홍콩대주점 건이었다. 대주점그룹은 홍콩에서 역사가 가장 오래된 호텔 기업으로서 산하에 반도호텔, 구룡호텔, 천수만호텔, 산정람차 등 많은 유명 브랜드를 보유하고 있었으며 역대로 영국의 미카엘 카두리(Michael Kadoorie) 가문과 량쫑하오 가문이 장악하고 있었다. 1987년 초 류롼슝은 린바이신(林百欣)과 손을 잡고 량쫑하오 측으로부터 대주점의 지분 34.9%를 확보하였지만 경영권과 관련하여 카두리 측의 반대로 이사 자리를 확보할 수 없었다. 화가 난 그는 한 치도 양보하지 않고 분쟁을 벌여 이 싸움은 주주회의에서부터 홍콩M&A위원회로까지 이어져 홍콩 전체가 들썩일 정도였다. 결국에는 카두리측이 류롼슝의 보유 주식을 회수하는 것으로 끝이 났는데 이 과정에서 류롼슝은 1.36억 홍콩달러의 이익을 거두었고 이것은 홍콩증시 역사에 기록될 정도였다.

_ **부동산 공략**

동나만 숭광백화빌딩(銅鑼湾 崇光百貨大楼)은 홍콩의 쇼핑 황금지대에 있는 홍콩의 대표적 건물이다. 위치가 매우 좋을 뿐만 아니라 홍콩에서 영업 실적이 가장 우수한 백화점으로 금융위기가 한창이던 1998년에도 역대 최고의 영업 실적을 기록하였다. 모회사인 일본 숭광이 파산한 이후 여러 재벌이 손에 넣으려 경쟁하였지만 최종적으로 류롼슝 형제와 신세계의 주석 정위퉁이 협력하여 35.5억 홍콩달러를 투자하여 성공적으로 확보하게 되었다.

류롼슝이 숭광백화빌딩을 매입한 것은 높은 임대료를 받을 수 있기 때문이었다. 그가 동나만에 보유한 부동산의 면적은 12.8만 제곱미터로 매달 제곱미터당 8만 홍콩달러를 거두어들이고 있다.

_ **2008년 세계 금융위기를 비켜가다**

류롼슝은 투자에 대해 체계적으로 학습한 적이 없었다. 투자 선택은 대부분 그의 직관에 따랐다. 그의 투자 인생을 한마디로 결론 짓는다면 '저가 매수, 고가 매도'라고 했다. 그는 부동산에서건 주식시장에서건 고가에 추격 매수하지 않고 기존에 매수한 것을 고가에 보유하지도 않는다. 이것 외에는 별다른 비법이 없다고 한다.

2007년 마지막 날 한 주요 모임에서 류는 보유하고 있는 주식을 모두 팔 때가 되었다고 말했다. 그리고 2008년 상반기에 그는 보유 주식 대부분을 매도하였다. 2008년 12월 31일 화런즈예는 해당 연도에 36억 홍콩달러의 순이익을 거두었다고 공시했다.

그해 금융위기가 세계를 강타하면서 홍콩의 항생지수는 48% 폭락하였고 리자청과 리자오지 등 내노라하는 고수들도 손실을 보았지만 류롼슝의 실적은 비상식적으로 우수하였다.

2009년 3월 그는 스탠다드챠터드뱅크, 도이치뱅크, 바클레이스뱅크 등 구미 금융회사의 액면가 100홍콩달러의 채권을 30~60홍콩달러에 매수하기 시작하였다. 금융위기가 수습되고 안정기에 접어들자 투자자들은 이성을 회복하였고 그가 매수했던 채권도 액면가에 접근하여 그는 또 한 차례 큰 돈을 벌 수 있었다.

모두가 위기라고 느끼던 시기에 류롼슝의 자산은 급속히 증가하여 2007년 이전 그의 재산이 21억 달러였던 것이 불과 4년 후인 2011년에는 3배인 65억 달러로 증가하였고 2017년에는 155억 달러로 불어났다.

_ 예술품 수집과 자선 사업

류롼슝은 방대한 양의 예술품을 수집하고 있어 미국의 ART NEWS는 그를 세계 10대 예술품 수집가 중 6위로 선정했는데 그는 오히려 자신이 과소평가되었으며 최소한 3위 내에는 들것이라고 말한다. 하지만 자신은 예술품에 대해 잘 모른다고 강조하며 그가 소장하는 기준은 좋고 아름답다고 생각되면 구매하는 것이라고 했다. 그는 자신의 관심 분야기 제일 잡다하고 거친 사람 중 한 명일 것이라고 자평한다.

그는 소장품에 대해 물질적으로나 정신적으로 의지하지 않으며 단순히 아름다운 물건을 구매하는 데 따른 만족감을 추구하는 것이라고 한다. 좋아하는 예술품 한 점을 구매하면 며칠간 매우 즐거운 기분이 드는데 사업을 하여 돈을 많이 벌어도 이보다 기분이 더 좋을 순 없다고 한다.

자선과 관련하여 류롼슝은 적지 않은 활동을 했다. 초창기 선풍기를 판매할 때부터 그는 '류롼슝자선기금'을 설립하여 중국 내륙에만 20억 홍콩달러 이상을 기부하였고 그 활동은 현재까지 계속 이어지고 있다.

제3절 류롼슝 약력

- 1951년 홍콩에서 태어났다.
- 1977년 바오용친과 결혼을 하여 1남 1녀를 낳고 1992년에 이혼하였다.
- 1978년 친구 량잉웨이(梁英伟)와 선풍기 생산회사인 애미고를 설립하였다.
- 1983년 8월 애미고실업은 홍콩 증권거래소에 정식 상장하였고 총자산은 5억 홍콩달러에 달했다.
- 1983년~1984년 미국의 국고채권에 투자하여 1억 달러의 이익을 거두었다.
- 1985년 동업자와의 의견 차이로 회사를 떠나면서 보유주식을 매각하였으나 주가가 바닥을 치자 이를 다시 매수하여 동업자를 몰아내고 경영권을 확보하였다.
- 1986년 1월 공격적 M&A 방식으로 60년 전통의 화런즈예를 인수하였다.
- 1987년 중국 본토 부동산시장에 진출하여 북경의 여경화원과 북경 힐튼호텔에 투자하였다.
- 1992년 북경과 상해에 사무소를 설치하였다.
- 2002년 6월 상해구백집단유한공사와 협력하여 구백백화점 지분 50%를 확보하였다.
- 2003년 천진시 화성광장 지분 20%와 해구시 아주호원의 지분 40%를 확보하였고 일본계 숭광백화점을 인수하였다.
- 2017년 화런즈예의 보유 지분을 큰아들 류밍외이(刘鸣炜)와 재혼녀 깐비의 자녀에게 양도하였다.

뤼즈허 呂志和

마카오의 새로운 카지노왕, 뤼즈허

10장

K. WAH GROUP
嘉華集團

제10장 마카오의 새로운 카지노왕, 뤼즈허

> 뤼즈허(吕志和, 여지화) : 홍콩자화국제집단유한공사 주석, 자화지산집단유한공사 주석, 홍콩호텔업주연회 주석, 동청사저지산개발상연회 주석직 등을 맡고 있으며 석재왕, 호텔왕, 마카오카지노왕 등의 호칭을 지니고 있다. 2015년에 '뤼즈허상-세계문명상'을 만들어 매년 수여하고 있으며 자선사업가로도 알려져 있다. 2014년 보유 자산이 296억 달러로 리자청을 제치고 한때는 아시아 최고의 부호였으며, 2019년 현재 보유자산 155억 달러로 중국부호 10위, 세계 67위를 기록하였다.

제1절 뤼즈허의 성장 과정

_ 14세에 첫 사업을 시도

1929년 뤼즈허는 절강성 강문 동해리의 부유한 집에서 태어났다. 그의 증조할아버지 뤼더잉(吕德盈)은 1885년 15세의 나이로 홀로 미국으로 건너가 캘리포니아 농장에서 노동자로 일을 시작하여 후에 농장 주인이 되었고, 심지어 맥시코에서도 땅을 사들여 밭을 가꾸어 채소를 공급하여 한때는 미국에서 수출입을 가장 많이 하는 중국인 공급상이었다. 그의 부친 뤼진취안(吕金铨)은 타향살이보다 고향에서 생활하는 것이 낫다고 생각해 미국에서 모든 것을 정리하고 절강성 강문으로 돌아와 생활하게 되었고 이때 뤼즈허가 태어났다.

1937년 일본이 중국을 침략할 때 당시 9살이던 뤼즈허는 부친을 따라 광동 광문시에서 홍콩으로 피난했다. 그는 중학교를 졸업하고 장사를 배우기 시작했다. 가족이 경영하는 식품 도매와 의류 제조 일을 도왔다. 자라면서 뤼즈허는 부친과 자신이 성격이 맞지 않는다는 것을 알았다. 부친은 장사를 하실 분이 아니라 혼자서 호젓하게 생활하는 것을 좋아했지만 뤼즈허는 도전과 창업을 꿈꾸었다. 겨우 14살 때 뤼즈허는 일본군 점령 기간에 홍콩에 식품이 부족하다는 것을 알고 식품장사를 할 생각을 했다. 그래서 부친으로부터 돈을 빌려 조모, 모친과 같이 식품도매업을 시작했다. 일본군이 점령하던 시절 홍콩에는 식용유와 밀가루가 많이 부족했다. 그런데 사치마 과자를 만들려면 식용유와 밀가루는 필수품이었다. 뤼즈허는 허펀(河粉:굵은 쌀국수를 뜻함)으로 사치마 과자[강정의 일종]를 만드는 방법을 개발했고 카사바로 당면 제조법도 알아냈다. 3년 동안 수백만 홍콩달러에 해당하는 군표[일본이 홍콩을 점령할 당시 발행했던 화폐]를 벌었다. 뤼즈허는 이 군표로 값싼 부동산을 사려고 했으나 부친의 반대로 무산되었다. 결국 일본이 패망하면서 벌었던 모든 군표도 쓸모없게 되었다. 20세도 안된 뤼즈허는 장사를 시작한 후 처음으로 큰 실패를 경험했고 부자가 될 기회를 한 번 잃었다.

_ **자동차 부품 장사로 재기**

그러나 그는 좌절하지 않고 가족의 지지하에 강인한 의지력으로 다시 시작했다. 중국에서 항일전쟁이 시작된 후 뤼즈허의 식품장사가 전보다 어려워지자 이모부로부터 자동차 정비기술을 배우면서 기계에 관한 지식을 익히게 되었다. 이모부의 기계에 대한 지식은 당시 최고였으며 후일 뤼즈허가 장비 사업을 할 때 많은 도움이 되었다. 자동차 정비기술을 배우면서 그는 자동차 부품가격의 변동이 심하다는 것을 알게 되었고 이 또한 장사를 할 수 있는 좋은 기회라고 생각하였다. 그래서 할머니와 합자로 이모부와 함께 자동차 부품장사를 시작하였다. 당시 중국에서는 내전이 발발하여 시장에서 자동차 부품의 수요가 매우 많아 뤼즈허는 이 기회를 이용해 돈을 벌었다.

한국전쟁 전후 물자를 수입

그리고 한반도에 전쟁이 발발하자 그는 예의 주시했다. 그는 경험으로 전후에 대량의 잉여물자가 시장에 나올 것인데 만일 이 기회를 잡으면 한몫 챙길 수 있을 것이라고 직감했다. 우연한 기회에 일본 정계와 발이 닿는 일본인을 알게 되어 그 관계를 이용해 뤼즈허는 일본 오키나와로 향했다. 그곳에서 미군의 잉여물자를 다루는 책임관을 알게 되었고 그리고 그를 통해 미국 영사관에서 물품구입 허가서를 발급받았다. 문서 내용에는 해당 물자를 중국 내륙으로 운반해서는 안되고 홍콩에서만 사용하도록 되어 있었다. 당시 홍콩은 내륙과 바로 맞닿아 있어 기중기, 포크레인, 불도저 등 장비들의 수요가 많았다. 뤼즈허에게 허가 문서가 있다는 것을 알고 여러 회사가 그를 찾아와 서로 장비를 구매하겠다고 경쟁을 했고 계약이 체결된 후에는 보증서와 은행 신용장이 작성되었다.

뤼즈허는 당시를 회상하며 말했다. "한 번은 배를 전세 내서 2백여 대의 지프를 가득 실었는데 그 가치가 수백만 홍콩달러로 그 때에는 적은 금액이 아니었어요. 일단 수입해 들여오면 몇 배의 장사가 되었지요." 뤼즈허는 겨우 27세 때 국제무역을 하여 큰 재산을 모았고 일부 부호급 친구들을 알게 되었다. 그중 한국전쟁으로 부자가 된 궈잉동이 포함되어 있는데 궈는 한국전쟁이 끝난 후 건설, 해상운송 및 바닷모래 채취로 사업이 번창했고 이때 뤼즈허에게서 장비를 구매하였다.

_ 채석 장비 수입을 통해 채석장 사업의 가능성을 감지

뤼즈허가 '채석대왕'이라는 호칭을 얻은 것은 1957년부터였다. 당시 그는 홍콩에서 채석장을 운영하는 사장들을 위해 해외에서 채석 장비를 주문하여 수입한 적이 있었는데 이때 그는 홍콩의 건설업이 빠르게 발전하고 있고 석재의 수요도 크다고 느꼈다. 앞으로 전후 잉여물자 사업을 오래 하지 못할 것이므로 장기적인 대비를 할 필요가 있었다. 채석 장비가 들어올 때마다 바로 사겠다고 하는 구매자들이 있어서 채석장 사업을 해보겠다는 생각을 하게 되었다. 그래서 주문했던 채석 장비의 반은 안팔고 갖고 있었다. 또한 수백만 홍콩달러를 들여 홍콩 정부로부터 채석장 한 곳을 사들여 본인이 채석장 사업을 시작하여 채석 장비를 채광 업무에 투입해 사용하였다. 그리고 채굴된 골재와 함께 고객에게 건축용 석재, 벽돌, 배수관, 시멘트, 화강석 등을 제공했다. 당시 홍콩 채석장은 대부분 인력 채석 방식으로 효율이 매우 낮았다. 뤼즈허는 처음부터 기계

로 채석하여 원가가 저렴하고 효율이 높아 업계에서 점차 이름을 알리게 되었다. 또한 홍콩 경제가 상승세를 맞이하여 건축재 수요가 계속 증가세를 유지할 것으로 예측했다. 1963년 이후 또다시 채석장비를 대량 구매하여 채석사업에 전념하여 마침내 '채석대왕'이라는 칭호를 얻게 되었다.

1964년 뤼즈허는 자화그룹을 설립하였고 1억6천만 홍콩달러를 투입하여 수모평의 안달신대아 채석장을 확보하여 채석장 제1구역의 채석권을 보유하게 되었다. 사업 전반에 대한 경영을 잘하였고 사람을 잘 다루어 경제적 효율이 매우 높았다.

1967년 홍콩은 중국 내륙의 영향으로 사회가 불안하고 경제활동 전체가 거의 정지상태였다. 부동산시장은 무섭게 얼어붙었고 많은 건설현장이 공사를 멈추었다. 뤼즈허의 골재도 판로가 끊겼고 더욱 심각한 것은 태평양행에서 대량의 신장비를 구매했었는데 대금을 지급할 방법이 없었다. 다행히 인간관계를 잘 형성해 놓았기에 태평양행은 그에게 빚 독촉을 하지 않았다. 그러지 않았으면 그는 파산을 면하기 어려웠을 것이다. 이 난관을 가까스로 넘기게 되자 뤼즈허의 사업은 차츰 회복이 되었다. 그 후 70년대까지 채석사업은 순탄하게 진행되었다.

_ 안달신대아채석장의 상장

1977년 뤼즈허는 자화그룹 산하의 안달신대아채석장을 상장시켰다. 그런데 회사 이사 한 명이 회사 주가가 높다고 판단하여 보유하고 있던 안달신대아의 주식을 일부 매도하였다. 이에 주가가 급락하자 뤼즈허는 이에 매우 실망하여 안달신대아의 일부 지분을 화기양행에 매도하였다. 그런데 예상치 않게 화기가 대주주가 된 후 전체 안달신대아를 차지하려고 인수합병을 시도했다. 뤼즈허는 이때 무척 고통스러웠다고 한다. 당시 부인과 태평산 산정에 올라 3일간 배회를 하며 앞으로 어떻게 할 것인지를 고민했다고 한다. 그 이후 뤼즈허는 주의력을 부동산과 호텔사업에 집중했다.

뤼즈허가 30세를 넘긴 60년대부터 그의 예민한 안목은 채석사업이 발전 잠재력이 있다고 보고 채석사업의 규모를 점차 확대하였다. 채석사업이 60년대 홍콩 경제발전에 편승하여 본 궤도에 오른 후 건축 자재, 부동산 개발, 호텔 등 실질적인 사업에 주력했다. 겸허하고 착실한 성격을 지닌 그는 부동산 시장이 활기를 띤다고 해서 투기와 같은 행위를 하지 않았다.

_ **호텔사업 진출과 중서 장점을 결합한 경영방식**

뤼즈허는 자신의 사업과 일개 도시의 발전을 긴밀히 연결하기를 좋아했다. 도시 건설과 번영 발전에 공헌하는 과정에서 자연스럽게 사업의 발전을 실현시킬 수 있다는 것이다. 70년대 후반 홍콩은 이미 여행객의 '쇼핑 천국'이었다. 매년 홍콩 방문객 수가 200만 명에 달했다. 대다수의 사람이 이윤이 높은 부동산에 투자할 때 뤼즈허는 대담하게 호텔업에 투자하기로 했다. 밀려오는 여행객 수보다 홍콩의 호텔업은 발전이 지체되어 특히 국제 수준의 고급 호텔이 부족했다. 뤼즈허는 홍콩의 부족한 부분을 간파하고 이 부분을 보충하기로 했다.

1979년 홍콩 정부는 첨사저 동부를 새로운 상업 구역으로 발전시킬 계획을 갖고 있었다. 뤼즈허는 이 지역의 발전 전망에 대한 잠재성을 예민하게 감지했다. 그는 6,800만 홍콩달러로 첨동 해변의 토지 한 구획을 매입하여 자신의 호텔사업을 실현해 나가기 시작했다. 많은 사람은 그의 행동을 이해하지 못했고 기대하지도 않았다. 첨동지구는 황무지라서 개발 전망이 없다고 생각했다. 특히 중요한 것은 뤼즈허가 이전에 호텔사업의 경험이 전혀 없었기 때문이었다. 그러나 뤼즈허는 나름대로 생각이 있었다. 그가 나중에 밝히기를 이미 1970년대 초 그는 첨동지구를 조사했고 그의 관점을 뒷받침할 만한 충분한 자료를 확보해 놓았다고 했다. 상세한 조사 자료를 근거로 뤼즈허는 홍콩 회풍은행을 설득해 건설자금을 대출받고 자화의 건축장비 시장에서의 장점을 이용해 직접 감독을 하여 그의 최초 5성급 호텔인 해경가일호텔(현 해경가복호텔)을 3억 홍콩달러의 투자비로 조속히 준공시켰다.

1단계의 시작은 했는데 호텔을 잘 관리하는 것이 문제였다. 2단계로 뤼즈허는 거액을 들여 독일의 전문 호텔관리인을 초빙하였으며, 그 당시의 외국의 성숙하고 선진적인 호텔관리 경험을 자신의 호텔에 오늘날까지 활용하고 있다. 그는 세계 각국의 호텔을 조사한 후 서양의 호텔 관리운영 방식에 대해 감탄해 마지않았다. 그들은 직원 각자마다 과학적으로 분업이 이루어져 있어 심지어 근무 장소와 구체적인 언행도 엄격히 관리되고 있었다. 외국인들은 지시 받은 대로 일을 말끔히 처리했다. 호텔에 고객이 없어도 조명을 환하게 켜놓고 있었고 에어컨도 항시 틀어놓은 상태여서 손님이 호텔로 들어오면 바로 상쾌한 느낌이 들게 했다.

서양의 관리방식을 충분히 숙지하고 시행한 후 뤼즈허는 제3단계로 향했다. 서양인의 엄격한 업무 처리 방식에 기초하여 동양인 특유의 매력을 접목시켰다. "서양인의 관리 방식을 매우 높게 평가하지만 중국인의 참을성과 끈기, 인정미 같은 장점은 서양의 제도에서 부족한 부분입니다."

뤼즈허는 호텔에 포근한 분위기를 만들고 싶었다. 손님이 호텔에 투숙하더라도 집에 돌아온 것처럼 편안한 느낌이 들게 했다. 그는 직원들에게 다음과 같이 말한다. "세심한 사람이 되어야 합니다. 자기 가족을 잘 아는 것처럼 손님의 마음을 헤아려야 합니다."

뤼즈허의 세심한 지시에 따라 종업원들은 세세한 부분까지 신경을 썼다. 손님이 도착하기 이전에 객실을 한 번 더 자세히 살펴보며 팩시밀리에 용지는 충분히 있는지, TV 리모컨 전지는 교체해야 하는지, 재떨이의 위치는 적절한지 등을 체크했다.

그의 호텔이 이름이 알려지고 손님이 증가하자 뤼즈허는 성공의 기쁨 속에 안주하지 않았다. 제4단계는 호텔업을 미국으로 확장해 나가는 것이었다. 애초 선진기술을 받아들이던 그가 이제는 해외로 진출하게 되었다.

그의 차남 뤼야오난이 미국에서 유학할 때 뤼즈허는 아들에게 현지 호텔 동향을 유심히 살펴볼 것을 분부했다. 충분한 조사와 연구를 거쳐 90년대에 미국에 Stanford Hospitality 지주회사를 설립하였다. 호텔사업이 발전하는 과정에서 뤼즈허는 동서합작 관리 운영의 특색을 특별히 강조하였다. 그는 중국 문화의 예술적 요소를 호텔 장식 및 설치에 녹아들게 하여 짙은 동양적 특색을 갖추도록 했다. 후에 그의 창의성은 탁월한 효과를 발휘하여 중국의 민족 문화를 널리 알리는 한편 호텔 특유의 브랜드 특색을 만들어냈다.

중서 장점을 결합한 경영 방식으로 뤼즈허는 호텔사업에서 탁월한 성과를 거두었다. 오늘날 자화그룹은 전 세계에 인터콘티넨탈, 메리엇, 힐튼, 더블트리, 쉐라톤 등 20여 개의 호텔에 1만 개가 넘는 객실을 보유하고 있다. 자화그룹은 이미 1999년에 미국에서 12대 호텔사업 그룹에 선정되었다.

뤼즈허는 자신의 성공 경험을 다음과 같이 결론 내렸다. "성공한 상인은 어떤 조건을 갖춰야 하는지 저에게 종종 묻습니다. 제 생각은 앞날을 미리 내다보는 능력이 있어야 한다고 생각합니다. 다른 사람이 생각을 못했을 때 이미 한발 앞서갈 수가 있습니다. 구체적인 방법에 있어 저는 중국인의 장점과 외국인의 장점을 한곳에 모아 놓습니다."

_ 마카오의 다각적 발전과 연계한 카지노 사업

마카오는 중국에 귀환 된 뒤에 중국에서 유일하게 카지노사업을 경영할 수 있는 도시가 되었다. 2002년 마카오 카지노사업의 건강한 발전을 촉진시키기 위해, 특히 카지노사업을 돌파구로 전체 마카오의 관광 및 대형회의나 전람회의 발전과 번영을 가져오도록 하기 위해 마카오는 70년이 넘는 카지노 독점을 끝내고 이를 외부에 개방했다. 이후 세계 각국에서 온 정상급 카지노 사업자와 카지노 사업 허가권을 놓고 각축을 벌였다.

자화그룹은 호텔여행업에서의 다년간에 걸친 경험과 폭넓은 인맥을 바탕으로 허가권을 획득한 6개의 업체 중 한 곳이 되었는데 이것은 특별행정부가 허가한 최초의 홍콩 자본 기업이었다. 당시 그의 나이는 73세였다. 이미 부와 명예를 모두 이룩하였는데 무엇하러 이토록 치열한 경쟁에 참여하여 큰 도전을 하는지 묻자 그는 대답했다. "계속 도전하는 것이 마음 상태를 영원히 젊게 유지하는 비결입니다."

모두 카지노사업에 집중하고 있을 때 세계 정상급 호텔 및 여행 관련 경영 경험을 갖춘 뤼즈허는 마카오의 다양한 오락 레저 사업의 발전 전망을 좋게 보았다. 그리고 카지노 외에 마카오에 새로운 문화의 매력이 꽃피우도록 할 것을 결심하였다. 이것은 뤼즈허가 마카오의 미래 발전에 거는 기대이자 이번 개발을 통해 이룩하고자 하는 목표이기도 했다.

계획에 따르면 뤼즈허가 마카오에서 투자할 규모는 이전 그가 진행한 어떤 단일 프로젝트보다 컸다. 단기간 내에 한곳에 이렇게 많은 투자를 하는 것이 많은 사람 눈에는 모험이었다. 사실 뤼즈허가 이를 결정하기 전에 이미 전면적인 조사 연구가 이루어져 투자에 충분한 준비가 있었고 그는 젊은 사람의 마음 자세로 제2의 창업을 하였다. 또한 다시 배우고 국제 전문가의 의견을 자세히 경청했다. 더욱 중요한 것은 귀환 후의 마카오의 앞날을 확신하고 있었으며, 전혀 새로운 발전 단계를 이룩하고 세계 정상급 레저오락의 도시로 도약할 것이라고 믿어 의심치 않았다.

뤼즈허와 그의 아들 뤼야오동, 그리고 그룹이 양성한 엘리트 팀원들의 노력으로 갤럭시엔터테인먼트(은하오락)는 2006년 최초로 홍콩에 상장한 카지노 회사가 되었다. 제12차 5개년 계획하에 중앙 정부는 마카오를 국제관광레져센터로 정의하였다. 뤼즈허는 마카오의 다각적인 발전을 추진하였으며, 카지노와 비카지노의 요소를 결합하여 참신하고 다양한 것을 포함하는 관광 체험의 장을 만들어냈다.

이와 동시에 갤러시엔터가 투자한 호텔과 오락 시설이 준공됨에 따라 마카오에 참신한 활력을 불러 일으켰다. 2006년 갤럭시엔터 산하의 마카오 성계호텔 및 카지노가 정식 개장하여 갤럭시엔터가 지향하는 '아시아의 마음으로 손님을 대한다.'는 자세를 먼저 실천하자 각계각층의 찬사를 받았고 마카오의 새로운 랜드마크가 되었다.

갤럭시엔터의 경영에 있어서도 뤼즈허는 안정 속에 진보를 구하는 정신을 따랐다. 2011년 그룹이 165억 홍콩달러를 투입하여 설립한 대형 종합레저타운 '마카오갤럭시TM'이 정식 개장되었다. '세계를 내려다보고 마음은 아시아를 연결한다.'는 상품 및 서비스 이념으로 세계 일류 수준의 레저, 휴식, 쇼핑, 대형회의 및 오락을 종합한 관광 사업을 마카오의 발전과 연계시켰다. 당초 계획에 따르면 '마카오갤럭시TM'은 1년 전에 완공되었어야 했지만 뤼즈허의 '완벽제일, 속도제이'의 정신에 근거해 전체 계획을 완성하는데 1년이 더 소요되었다. 뤼즈허는 강조해 말했다. "저는 1년을 더 들여서라도 모든 조건을 완벽히 이행하고자 합니다."

2012년 4월 갤럭시엔터는 마카오갤럭시 제2기 공정계획을 발표하였다. 2015년 이전까지 종합레저타운의 면적을 배로 증가시킨 약 1백만 제곱미터가 되게 하여 마카오에 더욱 다원화된 오락, 휴식, 대형회의 및 전시회 등의 시설을 확충하는 것이었다. 2012년 12월 갤럭시엔터는 노당지구에 제3기와 제4기 발전 계획을 발표하였고, 2014년 이전에 착공하여 2018년에 완공하여 개장하였다.

단지 10여 년의 기간을 이용해 뤼즈허는 무에서 시작해 갤럭시앤터를 마카오의 오락 및 레저 시장에서 국제 정상급 기업들과 대등한 수준으로 만들었다. 2012년 갤럭시엔터의 연 매출은 570억 홍콩달러로 매년 30%의 성장세를 보이며 순이익 74억 홍콩달러를 기록했다. 2013년 갤럭시엔터는 항생지수 구성주에 포함됨으로써 마카오의 오락 및 레저 시장에서의 자리를 더욱 공고히 굳혔다.

마카오에서 이룬 성취와 공헌으로 2014년 초 뤼즈허는 런던에서 수여하는 국제카지노사업상 단체에서 수여하는 개인 공로상을 받았고, 갤럭시엔터도 최고카지노운영자상을 수여받았다. 뤼즈허 개인 재산도 갤럭시엔터의 성장으로 대폭 증가하여 2014년 1월 포브스가 발표한 홍콩 부호 순위에 210억 달러로 홍콩과 아시아에서 모두 2위를 차지하였다.

겸손하고 조용한 뤼즈허는 세계 각국에서 주목받는 부호가 되었지만 당사자는 별다른 영향을 받지 않았고 바뀐 것도 없다. 89세인 그는 여전히 안정 속에 발전을 추구하며 만사에 침착하게 대처하고 있다. "몸값이나 부호라는 것은 숫자놀이에 불과해요. 사람에게 가장 중요한 것은 평상심을 유지하는 겁니다. 저는 일을 많이 하면 기쁘고 마음이 평화롭지요. 일을 잘 처리하고 마음의 안정을 유지하는 것이 가장 중요합니다."

_ **보람된 일을 찾아서**

인생에서 보람있는 일을 하고자 했던 뤼즈허는 2015년에 20억 홍콩달러의 기금을 마련하여 '뤼즈허상 - 세계문명상'을 제정해 연구를 해온 위안룽핑, 국경없는 의사회, 지미 카터에게 각각 2000만 홍콩달러의 상금을 수여하였다.

제2절 뤼즈허에 관한 일화

_ 카지노 사업

2002년 마카오 정부는 허훙선(何鴻燊)의 40년간 이어진 카지노 사업의 독점권을 풀고 이를 개방하기고 결정했다. 뤼즈허는 기회를 잡고 미국 라스베이거스 금사그룹의 셀던 애덜슨(Sheldon Adelson)과 협력하여 정부의 허가증 세 장 가운데 한 장을 취득할 수 있었다. 비록 미국 측과는 의견 차이로 1년이 안돼 갈라섰지만 뤼즈허는 호텔과 카지노사업에 계속 노력을 기울였다.

2005년 뤼즈허는 갤럭시엔터의 자산을 상장사 자화건재에 투입하고 회사명을 갤럭시엔터테인먼트리미티드(은하오락그룹유한공사)로 바꾸어 홍콩 기업 중 최초로 마카오에서 카지노사업 허가를 취득한 상장사가 되었다. 아시아의 라스베이거스로드로 불리는 마카오대로에는 2015년 준공된 마카오갤럭시 제2기 공정 등 갤럭시엔터의 많은 프로젝트가 추진되었다. 2008년 세계 금융위기 이후 갤럭시엔터는 놀라운 폭발력을 보이며 고속 성장하였고 주가도 급상승하였다. 2012년 말에 30.35 홍콩달러 하던 것이 2013년 말에는 69.55 홍콩달러로 올라 1년 사이 120.9%가 상승하였다.

마카오 하면 허훙선을 언급하지 않을 수 없다. 허훙선의 사업과 마카오 카지노의 경영권 변천과는 긴밀하게 맞물려 있다. 1961년 마카오 정부는 카지노 사업권을 공개 입찰하였고, 그해 10월 허훙선은 마카오 카지노 독점 운영권을 취득하여 40년이 넘게 독보적 존재가 되었다. 2002년 마카오 정부는 카지노사업 허가를 한 개에서 세 개로 늘리면서 세계 각국의 기업들이 입찰에 참여하여 치열한 경쟁을 벌였다. 허홍선이 소유한 마카오카지노홀딩스가 하나를 취득했고, 미국 서부 카지노왕 Stephen Wynn의 영리(永利)와 갤럭시엔터가 각각 하나씩 취득하여 마카오의 카지노사업은 세 개로 나누어졌다. 그해 12월 뤼즈허와 애덜슨은 서로 갈라서게 되고 마카오 정부에 기존에 취득한 카지노사업 허가를 둘로 나누어 줄 것을 신청하여 허가를 받았다. 그 후 마카오 정부는 다른 두 곳에도 사업허가 분리를 허용해 허홍선의 오박공사(澳博公司)는 사업허가권을 나누어 그중 하나를 2005년 초에 딸 허차오쵱과 미국MGM이 각각 50%의 지분을 투자한 합자회사에 넘겼다. 영리(永利)는 2006년 초 허가권을 둘로 나누어 각각 9억 달러에 허홍선의 아들 허유롱(何猷龙)의 신호국제발전유한공사(新濠国际发展有限公司)와 호주 PBL에 넘겼다. 그 이후 마카오 카지노사업은 3개에서 6개로 늘어났다. 그중 허홍선 가족이 6개 가운데 3개를 보유하여 전체 시장의 절반을 차지하고 있다.

현재 허홍선 가족이 마카오에서 진행하고 있는 카지노사업은 주로 오박(澳博)과 신호(新濠)이다. 오박은 마카오에서 17개의 카지노와 2개의 호텔을 보유하고 있는데 그중 가장 유명한 곳은 포경카지노(葡京娛乐场)와 신포경카지노(新葡京娛乐场)다. 오박(澳博)은 카지노 숫자와 수입이 마카오에서 가장 많으며, 또한 아시아로 사업 영역을 넓혀 나가고 있다.

갤럭시엔터 산하에는 마카오갤럭시종합레저타운, 마카오스타월드호텔과 3개의 카지노가 있다. 그중 19억 달러를 투자하여 건설한 마카오갤럭시레저타운은 2011년 개장하여 2,200개의 객실과 450개의 게임 테이블, 1,300개의 슬롯머신을 보유하고 있다. 규모와 숫자면에서 오박에 못 미치지만 무서운 속도로 발전하고 있다.

갤럭시엔터의 2010년부터 2012년까지의 매출액 증가율은 57.05%, 113.8%, 37.8%이며 순이익도 매우 높다. 이에 비해 2012년 오박의 매출액 증가율은 4.5%에 불과했다. 2013년 갤럭시엔터의 투자 수익률은 232%인 것에 비해 오박은 58%, 신호는 55%를 기록했다. 세 개의 회사가 모두 카지노사업의 평균을 넘었지만 시장은 갤럭시엔터에 대해 더욱 낙관적이고 미래의 성장 잠재력을 더 기대하는 분위기다.

_ '뤼즈허상 - 세계문명상'

2015년 뤼즈허는 20억 홍콩달러의 기금을 조성하여 '뤼즈허상-세계문명상'을 만들어 세계 문명 발전에 사심 없이 공헌한 개인 또는 단체에 수여했다. 이 상을 수여 받으면 2,000만 홍콩달러의 상금과 증서 및 트로피를 받는다. 현재까지 벼 재배의 아버지로 불리는 원융평, 국경없는 의사회, 중국 기후변화사무특별대표 해진화, 카터 전 미국 대통령 등이 이 상을 획득했다.

뤼즈허상은 3가지로 분류된다. 첫째는 세계 식량 공급 분야, 둘째는 전염병, 만성 질병의 치료 및 억제, 셋째는 행위 및 업적이 타인에게 영감을 주거나 격려와 희망을 주는 개인이나 단체에 이 상을 수여한다.

이 상이 전 세계에서 영향을 미칠 수 있도록 상금 액수를 노벨상의 두 배로 정했을 뿐만 아니라 세계 각국의 저명인사들을 수상식에 참여토록 하고 있다. 현재 이사진에는 중국정협부주석 및 전 홍콩특별행정구 행정장관 동쩬화, 전 미국 국무장관 라이스, 전 세계은행장 제임스 월픈슨, 캠브리지대학 대학원장 로윈 더글러스 윌리엄스 등으로 구성되어 있다.

뤼즈허는 그의 힘이 유한하고 뤼즈허상의 힘도 유한하지만 모두가 협력하여 각자의 힘을 자연과 타인을 배려하는 사랑에 쏟는다면 이 사회는 더욱 좋아질 것이라고 말한다.

_ **뤼즈허의 일상 생활**

막대한 재산을 소유하고 사업이 욱일승천하고 있는 뤼즈허는 개인적으로 특별히 즐기는 것이 없이 평범하고 단조로운 생활을 하고 있다. "재산이 늘었다고 저의 개인 생활이 변한 것은 없습니다. 저는 여전히 열심히 일하고 어묵 완자를 먹고 노변 카페에서 밀크티를 마십니다. 저는 개인 재산을 중요시하지 않고 또 그 재산으로 생활이 변하지도 않아요. 가끔 마작을 하거나 골프를 치고 서예를 하는 것이 취미입니다."

그는 하루에 5시간 잠을 자고, 보다 많은 시간을 할애해 신문을 읽고 신지식과 신사물을 습득하면서 추세를 파악하는 데 노력한다. 뤼즈허는 책 읽기를 좋아한다. 독서량이 많고 관심 분야가 광범위하다. 그는 독서를 통해 세계를 이해한다고 한다. 그는 많이 보고 적게 움직이고 신중하게 결정을 내린 후 행동하는 사람에 속하며, 일반적인 소식과 추세는 그의 방침이나 결정에 별다른 영향을 미치지 않는다. '심사숙고하여 결정한 후에 행동한다.'는 그의 생활 신조를 70년간 이행한 것이 치열한 상업 세계에서 안정적으로 성장한 원인이라고 말한다.

전승(傳承)을 중시하는 뤼즈허는 창의성도 중시한다. 자신의 창의적인 것들이 완전히 무에서 나온 것이 아니라고 강조한다. "저는 일하는데 흥미를 갖고 있습니다. 시간을 들여 이해하고 연구하는 데 노력합니다. 하지만 제가 다른 사람들과 약간 다른 점이 있다면 창의적이라는 점입니다. 새로운 이념으로 옛 것과 낡은 것을 개량하고 많은 사람이 받아들일 수 있는 것으로 만들어 갑니다."

_ **장남 뤼야오동(呂耀东)**

뤼야오동은 1955년 자화의 출발과 같은 해에 태어났다. 어릴 때 뤼야오동이 형제자매들과 채석장에서 놀 때마다 부친께서 이마에 구슬땀을 흘리며 일하시는 모습을 보아 왔기 때문에 일찍부터 부친께서 가족을 위해 고생하신다는 것을 알았다.

70년대 뤼즈허가 안달신대아채석장(安达臣大亚石矿场)을 상장시킨 후 이사 한 명이 주식의 시세가 높다고 생각해 보유주식을 팔아버리자 뤼즈허는 이에 실망하여 보유 주식 일부를 무역회사에 양도했다. 그러나 예상치 않게 이 무역회사는 안달신을 인수합병하려 했다. 비록 뤼즈허는 집에서 사업의 어려움에 대해 전혀 언급하지 않았지만 뤼야오둥은 부친께서 어려움을 겪고 계시며 신변에 유능한 조수가 없다고 생각하고, 커서 학업을 마친 후에 사업에 참여하여 부친을 돕겠다는 뜻을 품었다. 이런 이유로 뤼야오둥은 가정에 대한 책임감과 기업관을 자연스레 받아늘였다. 대학 신학 시 부신께서 건축 장비, 건설, 부동산 등 사업에 종사하시는 것을 보고 그는 미국 캘리포니아대학교 버클리 분교에서 토목공정학을 전공하였다. 1979년 석사학위를 취득하여 홍콩으로 귀국한 후 자화그룹에 입사한 그는 다음과 같이 말했다. "저는 장남이고 부친께서 일손이 부족하기 때문에 저에게는 선택의 여지가 없었습니다. 중국인들은 가족의 일을 도와야 한다는 게 일반적인 인식이니까요."

뤼즈허는 장남 뤼야오둥에게 특권을 부여하지 않고 밑바닥 기초부터 배우도록 했다. 뤼야오둥의 첫 직무는 안달신채석장의 인부들과 같이 작업을 하면서 채석장 자갈이 가장 효과적으로 이동되도록 방법을 찾는 것이었다. 그 후 그는 단계별로 승진하여 1987년 자화그룹의 상무이사가 되어 내륙에서 다수의 프로젝트 책임자가 되었다.

2002년 뤼즈허가 카지노 허가권을 취득한 후 뤼야오동은 카지노 사업을 확장해 가는데 선봉장 역할을 했고, 이전에 진행하던 부동산 개발과 호텔 관리가 카지노사업을 시작하는데 탄탄한 기초가 되었다. 처음 입찰에 참여하는 대부분 업체가 투자계획을 마카오 반도, 즉 허훙선의 포경호텔 부근으로 정했으나 뤼야오동은 당시에는 개발이 안된 155만 제곱미터의 황무지에 대형 레저시설을 신설하고자 했다. 부동산개발의 관점에서 이 지역의 가치가 크게 상승할 것으로 예측했다.

마카오 갤럭시레저타운을 계획할 당시 뤼야오동은 허훙선처럼 카지노를 중심으로 한 경영 방식을 모방하지 않았다. 비록 라스베이거스의 카지노사업에 엔터테인먼트와 레저의 요소를 끌어들인 사업 구조가 마음에 들었지만 라스베이거스를 있는 그대로 마카오에 답습하는 것은 원하지 않았다.

뤼야오동은 세계 각국을 시찰할 때 아시아에서 받은 서비스가 그에게 가장 좋은 체험으로 남았다. 그는 아시아인들이 손님과 친구를 기쁘게 하는 특유의 방법이 있다는 것을 알았다. 그리고 앞으로 주요 고객이 내륙과 홍콩의 중산층, 일부는 동남아 손님이라고 판단하여 레저타운을 동남아의 지역적 특색을 살린 종합레저타운으로 만들기로 하였다. 세계적으로 지명도가 있는 Banyan Tree, 일본 오쿠라호텔 등이 동참하게 하여 고객이 카지노뿐만 아니라 누워서 일광욕을 하거나 야자수와 바나나 나무 아래서 와인을 마시며 완전한 레저를 체험할 수 있도록 했다. 이러한 창의성이 갤럭시엔터를 경쟁 상대와 구별되게 하는 점이었으며, 갤럭시엔터가 가장 큰 성장 잠재력을 보유한 프로젝트가 되도록 하였다. 현재 뤼야오동은 갤럭시엔터의 부주석직에 있다.

_ 뤼야오난, 뤼야오화, 뤼후이위, 뤼후이링

차남 뤼야오난(呂耀南)은 올해 62세로 캘리포니아대학교 버클리분교에서 공정학 학사 학위를 받았다. 1985년 미국 샌프란시스코에 Stanford Hotels Group을 설립하였으며, 이 그룹은 현재 힐튼, 쉐라톤, 메리엇 등 13개의 호텔을 보유하고 있다. 이와 동시에 Cresleigh Homes 브랜드로 캘리포니아주와 애리조나주에서 부동산 개발사업을 진행하고 있다. 그는 주로 해외에서 사업을 추진하고 있고 앞으로 해외사업을 물려받을 것으로 예상된다.

55세의 뤼야오화는 미국 남캘리포니아대학교에서 공업 및 시스템공정학을 전공하였고 1984년 자화그룹에 참여했다. 부친은 뤼야오화를 동남아시아에 파견하여 투자처를 물색케 했다. 뤼야오화는 건축을 열렬히 사랑하며 많은 부동산 프로젝트의 개발, 설계 분양 등 일련의 과정에 직접 참여하고 있다. 현재 자화그룹 부동산 개발사업을 책임지고 있으며 홍콩 부동산 부문의 총경리 및 이사직을 맡고 있다.

64세의 큰딸 뤼후이위(呂慧瑜)는 캐나다 맥길대학교 (McGill University) 상업학 학사 학위를 취득하였고 1980년에 자화그룹에 참여하여 아시아 지역 호텔 업무를 책임지고 있다. 작은딸 뤼후이링(呂慧玲)은 주로 자화그룹의 인사 및 행정 관리업무를 보고 있고 아직 특정 사업 부문을 책임지고 있지 않지만 뤼즈허는 그녀에게 건물 임대료 등 비상장 자산을 물려줄 계획이다.

제3절 뤼즈허 약력

- 1929년 광동성 강문 동해리에서 부유한 가정에서 태어났다.
- 1934년 부친을 따라 홍콩에 정착했지만 일본 침략으로 중학을 중퇴 후 부친의 장사를 도왔다.
- 1942년 13세의 나이로 일본군을 상대로 사업을 하여 8백만 홍콩달러에 해당하는 일본 군표를 벌었지만 일본군의 패망으로 모두 허사가 되었다.
- 1955년 자화공사를 설립하여 건축 장비 사업을 진행했으며 과당구 일대의 대형 간척과 도로 건설 사업에 참여하였다.
- 1964년 자화공사는 구룡 안달신도 1구 채석장의 채석권을 획득하여 홍콩 최초로 채석권 허가를 취득한 회사가 되었다.
- 1979년 뤼즈허는 6,800만 홍콩달러를 투자하여 첨동해변의 토지를 매입하고 자화공사의 건축 장비 시장에서의 장점을 이용해 자신의 최초 5성급 호텔 해경가일호텔(현 해경가복호텔)을 건설하였다.
- 1999년 자화그룹이 미국 제12대 호텔사업 그룹으로 선정되었다.
- 2002년 뤼즈허의 갤럭시엔터그룹은 최초로 마카오 특별행정구 정부의 카지노영업권 허가를 받은 홍콩투자기업이 되었다.
- 2006년 갤럭시엔터그룹은 최초로 홍콩에 상장한 카지노회사가 되어 사업을 견실하게 발전시켜 나갔다.
- 2006년 갤럭시엔터그룹 산하의 마카오스타월드호텔 및 카지노(Star World Hotel & Casino)가 정식 개업하였다.
- 2011년 자화그룹은 165억 홍콩달러를 투자하여 대형 종합레저타운 '마카오갤럭시TM'의 정식 영업을 시작하였다.

- 2012년 갤럭시엔터는 마카오갤럭시 제2기 공정을 추진하였고, 총 면적은 종합레저타운의 면적보다 199% 증가한 1백만 제곱미터이다.
- 2012년 갤럭시엔터의 연간 매출액은 579억 홍콩달러이고, 순이익은 74억 홍콩달러로 매년 30% 이상 상승하였다.
- 2013년 갤럭시엔터의 주가가 정식으로 항생지수에 포함되었다.
- 2014년 포스스가 발표한 홍콩부호순위에 뤼즈허는 210억 달러로 홍콩 2위, 아시아 2위를 기록하였다.
- 2015년 '뤼즈허상-세계문명상'을 설립해 매년 세계 문명 발전에 공헌한 개인 또는 단체 3곳을 선정하여 상과 함께 상금 2,000만 홍콩달러를 수여하고 있다.

※ 참고 자료

제1장 모방 속에서 위챗을 탄생시킨 마화텅

◆ 马化腾, 百度百科 (참고 일자 : 2018.10.7)

◆ 马化腾, MBAlib (참고 일자 : 2018.10.8)

◆ 马化腾, 国搜百科 (참고 일자 : 2018.10.10)

◆ 马化腾和腾讯的故事, 全在这里了, 百度 (참고 일자 : 2018.10.3)

◆ 马化腾, 网易 (참고 일자 : 2018.10.14)

◆ 马化腾, 搜狗百科 (참고 일자 : 2019.2.11)

◆ 福布斯全球亿万富豪榜, 福布斯 (참고 일자 : 2019.3.6)

◆ 为什么马化腾最感谢中国移动, 搜狐 (참고 일자 : 2018.9.6)

◆ 腾讯创始人--马化腾的励志故事, 老刘励志故事网 (참고 일자 : 2019.2.16.)

제2장 포기를 모르는 무협 마니아, 마윈

◆ 马云(阿里巴巴集团创始人), 百度百科 (참고 일자 : 2019.3.31)

◆ 马云, 国搜百科 (참고 일자 : 2019.3.1)

◆ 马云, 搜狗百科 (참고 일자 : 2019.3.3)

◆ 马云如此崇拜金庸, 原因究竟是为什么呢, 手百问答

   (참고 일자 : 2019.3.6)

◆ 马云恩人, 阿里副总投资天才, 他用这三点告诉你啥叫精英, 百度

   (참고 일자 : 2019.3.9)

◆ 马云创业故事—马云三次最经典的创业经历, 959品 牌商機網

   (참고 일자 : 2019.3.11)

◆ 阿里巴巴如何在马云手中一步步走到今天, 大衆网

   (참고 일자 : 2019.3.13)

◆ 阿里巴巴创始人马云的故事经历, 搜狐 (참고 일자 : 2019..15)

◆ 功背后的辛酸故事, SnowCoal (참고 일자 : 2019.3.18)

◆ 马云最感谢这4个人, 如果只能选一个最最感谢的, 马云选他, 百度

   (참고 일자 : 2019.3.21)

◆ 马云和他的阿里巴巴, 小故事网 (참고 일자 : 2019.3.23.)

제3장 곰팡이 핀 밀떡을 먹고 공부한 부동산 재벌 쉬자인

- 白手起家许家印，百世流芳欠几多？ —中国首富的多面人生, 搜狐 (참고 일자 : 2019.2.1)
- 许家印 商海里倔强的"舞者", 小故事网 (참고 일자 : 2019.2.3)
- 恒大地产集团有限公司, 国搜百科 (참고 일자 : 2019.2.4)
- 许家印, 百度百科 (참고 일자 : 2019.2.7)
- 许家印 (恒大集团董事局主席), 国搜百科 (참고 일자 : 2019.2.8)
- 揭秘许家印：18岁时吃发霉馒头 曾被骂失败者, 搜狐财經 (참고 일자 : 2019.2.11)
- 解密许家印的成功传奇, 新浪博客 (참고 일자 : 2019.2.12)
- 2900亿财富的背后，许家印20年如一日的坚持, 新芽 (참고 일자 : 2019.2.13)
- 恒大老总许家印，业务员？掏粪工？打工仔到中国首富的蜕变, 搜狐 (참고 일자 : 2019.2.16.)

제4장 플라스틱 조화왕에서 아시아 최고의 부호가 된 리자청

◆ 李嘉诚, 百度百科 (참고 일자 : 2019.4.1)

◆ 李嘉诚, 国搜百科 (참고 일자 : 2019.4.2)

◆ 李嘉诚传 李嘉诚的创业故事, 創業第一步 (참고 일자 : 2019.4.5)

◆ 李嘉诚的生平经历及创业故事, U88加盟网 (참고 일자 : 2019.4.10)

◆ 李嘉诚的创业故事, 白手起家, 到亿万富翁, 百度百科

 (참고 일자 : 2019.4.12)

◆ 90岁李嘉诚退休 : 22岁创业 靠这业务攒下第一桶金, 新浪

 (참고 일자 : 2019.4.15)

◆ 李嘉诚发迹史, 简书 (참고 일자 : 2019.5.30)

◆ 李嘉诚的生平事迹, 百度知道 (참고 일자 : 2019.5.31.)

제5장 부동산 개발과 주식으로 성공한 리자오지

◆ 李兆基 (香港地产大亨), 百度百科 (참고 일자 : 2019.5.20)

◆ 李兆基, 国搜百科 (참고 일자 : 2019.5.21)

◆ 李兆基人物档案, 高頓网校 (참고 일자 : 2019.5.8)

◆ 李兆基, 名人簡曆 (참고 일자 : 2019.5.20)

◆ 李兆基：从默默无闻到轰轰烈烈, 创业邦 (참고 일자 : 2019.5.20)

◆ 20年, 他超越李嘉诚, 李兆基重回香港首富, 青年创业网

 (참고 일자 : 2019.5.20)

◆ 李兆基的人物成就, 百度知道 (참고 일자 : 2019.5.20)

◆ 亿万富豪李兆基：当年一千元闯香港, 鳳凰財經

 (참고 일자 : 2019.5.15)

제6장 직업 군인에서 부동산 재벌로 변신한 왕젠린

◆ 王健林, 国搜百科 (참고 일자 : 2019.2.20)

◆ 亚洲首富王健林的创业故事：要敢闯敢试 (全文), 网易 (참고 일자 : 2019.2.3)

◆ 王健林 (大连万达集团股份有限公司董事长), 百度百科 (참고 일자 : 2019.2.5)

◆ 王健林, 亚洲首富也曾3年内被告222次, 他说创业者应该这样做, (참고 일자 : 2019.2.7)

◆ 王健林：三个故事告诉你如何从白手起家到首富, 百度 (참고 일자 : 2019.2.10)

◆ 王健林创业故事, 详细, 百度知道 (참고 일자 : 2019.2.11)

◆ 首富王健林, 百度百科 (참고 일자 : 2019.2.13)

◆ 万达这30年—巨头成长史, 百度 (참고 일자 : 2019.2.17)

◆ 王健林---万达广场的背后, 简书 (참고 일자 : 2019.2.19)

제7장 병뚜껑 제조부터 시작한 아름다운 신화, 허샹젠

◆ 何享健(美的集团创始人), 国搜百科 (참고 일자 : 2019.1.5)

◆ 何享健, 百度百科 (참고 일자 : 2019.1.8)

◆ 美的接班人为什么是方洪波, 搜狐 (참고 일자 : 2019.1.9)

◆ 励志创业 : 商界名人创业故事, 中国商界大佬的传奇人生, 美文网 (참고 일자 : 2019.1.8)

◆ 美的集团, 国搜百科 (참고 일자 : 2019.1.5)

◆ 美的创始人何享健 : 多面手的激进与冒险, 前瞻网 (참고 일자 : 2019.1.6)

◆ 创始人何享健"交棒"方洪波 千亿美的没有父传子, 鳳凰網 (참고 일자 : 2019.1.9)

제8장 아버지의 부동산 왕국을 넘어선 양후이옌

◆ 杨国强 (碧桂园集团创始人), 百度百科 (참고 일자 : 2018.12.2)

◆ 杨国强 (广东碧桂园集团创始人), 国搜百科(참고 일자 :2018.12.5)

◆ 杨国强 : 中国首富的创业史, 28商机网 (참고 일자 : 2018.12.3)

◆ 碧桂园创始人杨国强为人低调 据说每天阅读量超10万字, 新浪财經 (참고 일자 : 2018.12.4)

◆ 杨国强的创业故事, 百度知道 (참고 일자 : 2018.12.4)

◆ 碧桂园"工厂化"背后, 杨国强上了哪些手段, 百度知道 (참고 일자 : 2018.12.4)

◆ 杨惠妍, 国搜百科 (참고 일자 : 2018.12.5)

제9장 주식 저격수에서 부동산 임대왕이 된 류롼슝

- 刘銮雄, 搜狗百科 (참고 일자 : 2019.4.5)

- 刘銮雄, 百度百科 (참고 일자 : 2019.4.5)

- 刘銮雄, 国搜百科 (참고 일자 : 2019.4.5)

- 刘銮雄, MBAlib (참고 일자 : 2019.4.5)

- 宝宝长得很像刘銮雄, 百度 (참고 일자 : 2019.4.6)

- 刚刚看了一个关于刘銮雄的访谈—是教年轻人怎么发达的, 天涯社区 (참고 일자 : 2019.4.6)

- 刘銮雄靠什么发家 2019大刘雄厚资产曝光, 股城网 (참고 일자 : 2019.4.7)

- 刘銮雄:令人惊叹的传奇发家史, 生意场 (참고 일자 : 2019.4.8)

- 关于刘銮雄的财富江湖, 你们究竟了解多少, 百度 (참고 일자 : 2019.4.9)

- 刘銮雄绯闻富豪的发家秘史, 搜狐 (참고 일자 : 2019.4.10)

제10장 마카오의 새로운 카지노왕, 뤼즈허

◆ 吕志和 (嘉华集团主席), 百度百科 (참고일자 : 2018.11.2)

◆ 吕志和 (嘉华集团主席), 国搜百科 (참고일자 : 2018.11.3)

◆ 吕志和奖-世界文明奖, 百度百科 (참고일자 : 2018.11.4)

◆ 吕志和的商业经历, 百度知道 (참고일자 : 2018.11.5)

◆ 澳门赌王对决：吕志和何以胜过何鸿燊, 凤凰网

　(참고 일자 : 2018.11.7)

◆ 吕志和：人生不应该是一个战场, 而应该是一趟愉快的旅程, 腾讯网

　(참고 일자 : 2018.11.9)

◆ "澳门新赌王"吕志和:16岁赚的钱能买下香港一条街, 网易

　(참고 일자 : 2019.5.30)

◆ 千亿富豪吕志和的下半场, 百度知道 (참고 일자 : 2019.5.31)

◆ 吕志和, 网易财经 (참고 일자 : 2019.5.31)